挑战古人100天 ③

搬家去南宋　云葭 著

中国友谊出版公司

图书在版编目（CIP）数据

挑战古人 100 天 . 3, 搬家去南宋 / 云葭著 . -- 北京：中国友谊出版公司 , 2023.10
ISBN 978-7-5057-5713-4

Ⅰ . ①挑… Ⅱ . ①云… Ⅲ . ①社会生活—历史—中国—宋代—通俗读物 Ⅳ . ① D691.9-49

中国国家版本馆 CIP 数据核字 (2023) 第 172659 号

书名	挑战古人 100 天 3：搬家去南宋
作者	云　葭
出版	中国友谊出版公司
发行	中国友谊出版公司
经销	新华书店
印刷	河北中科印刷科技发展有限公司
规格	889 毫米 ×1194 毫米　32 开 7.5 印张　180 千字
版次	2023 年 10 月第 1 版
印次	2023 年 10 月第 1 次印刷
书号	ISBN 978-7-5057-5713-4
定价	72.00 元
地址	北京市朝阳区西坝河南里 17 号楼
邮编	100028
电话	（010）64678009

自 序

把全稿交给了编辑,照例还是想跟大家分享一下我在这本书写作过程中的心情。

按照原计划,"挑战古人 100 天"系列的"宋朝篇"我是准备写两本的,分别介绍宋朝的娱乐生活和市井生活。但这半年来依旧能收到各种评论和留言,其中不少是关于南宋的。基于读者的热情,思考再三,最终决定把内容细化,分一个篇章来跟大家分享南宋生活。这就是"挑战古人 3"的由来,我给它取了个别名——"搬家去南宋"。

众所周知,靖康之变后,宋朝的都城从汴京(今开封)迁往临安(今杭州),政治中心和经济中心南移,不少原先生活在开封的百姓也举家搬迁,前往南方城市定居。那么,跟北宋时期相比,南宋人的生活发生了什么样的变化?临安城和汴京城有什么不同?南宋在北宋的基础上有哪些方面的传承,又有哪些方面的进步?针对以上问题,我将这本书分了 20 余篇,从娱乐、饮食、民俗、节日、经济、艺术等角度,和大家聊一聊南宋人是怎么过日子的。

作为一个土生土长的杭州人，我对南宋有着不一样的情感，这使得我在查阅古籍资料时，看到古人提到西湖、武林、钱塘等地名会即刻生出亲切感来，更别说白居易、苏东坡等跟杭州息息相关的历史名人，还有耳熟能详的西湖十景了。

想来，应该很少有人不知道西湖十景吧？苏堤春晓、曲院风荷、平湖秋月、断桥残雪……这十景正是源自宋朝画院的山水画题名。宋徽宗热爱书画，开创了宣和画院。自那时起，宋朝的绘画艺术水平就有了质的飞跃。宋高宗定都临安后，重建了画院体系，据考证，南宋画院的旧址就在今杭州望江门一带。

南宋留给杭州的，当然远不止西湖十景这么简单，无论人文还是艺术，那个时代都是值得后世的我们用心去探究的。或许这也是现在有越来越多解析宋韵文化的作品出现的原因吧。

在详细了解南宋之前，很多人可能跟曾经的我一样，对那个时代存在些许误解。毕竟山河不再，朝廷偏安一隅。大家可能会有这样的疑问：南宋人会不会过得不好，甚至憋屈？其实不然，南宋曾一度富庶，不只百姓生活幸福，经济和艺术发展也很迅速。宋人聪慧、风雅，那些南迁的汴京人把优质的生活方式也一并带去了临安。举一个简单的例子：现如今的杭州名菜宋嫂鱼羹，有多少人知道这道菜其实出自南迁到杭州的开封餐馆呢！有史料为证："若南迁，湖上鱼羹宋五嫂、羊肉李七儿、奶房王家、血肚羹宋小巴之类，皆当行不数者。"

越了解南宋，越是能感受到这个时代带给我们的惊喜。比如，南宋人爱洗澡，临安城有很多澡堂，当时叫作"香水行"；南宋人爱喝茶，临安城内的茶坊"卷"得很，一点都不亚于现在的咖啡厅；南宋造船技术发达，当时已经出现用脚踩踏前行的船只了……

书的篇幅有限,不足以描述出那个时代九牛一毛的精彩,只希望能用文字带领大家亲自感受一下历史上的南宋。至此,宋朝篇就完结啦,我们相约在唐朝见吧!

云葭

2023 年 4 月 4 日,于马尔代夫

目 录

西湖春游……………………………… 1
卖花声………………………………… 11
佛诞日………………………………… 21
民风民俗……………………………… 31
澡堂文化……………………………… 41
茶坊…………………………………… 51
酒楼食店……………………………… 63
迎酒仪式……………………………… 73
钱塘观潮……………………………… 83
学校…………………………………… 93
假期…………………………………… 103
厕所文化……………………………… 113
西湖治理……………………………… 123
饮食文化……………………………… 135
商业团行……………………………… 145

水运·····················155

绘画艺术·················165

杂剧·····················177

小经纪···················189

冬至·····················199

免租日···················209

赏雪·····················219

主要登场人物介绍

赵四娘子
官宦人家后代,家中排行第四,父亲和爷爷都是朝中官员。

宋娘子
赵四娘子的表姐,二人的奶奶是亲姐妹。

赵二郎
赵四娘子的二哥,爱画画,爱品酒。

赵三郎
赵四娘子的三哥,和赵二郎都是临安府学的学生。

宋大郎

宋娘子的哥哥，在临安城内经营家族产业"宋大郎茶坊"。

高二郎

"高家酒肆"老板，宋娘子的丈夫。

西湖春游

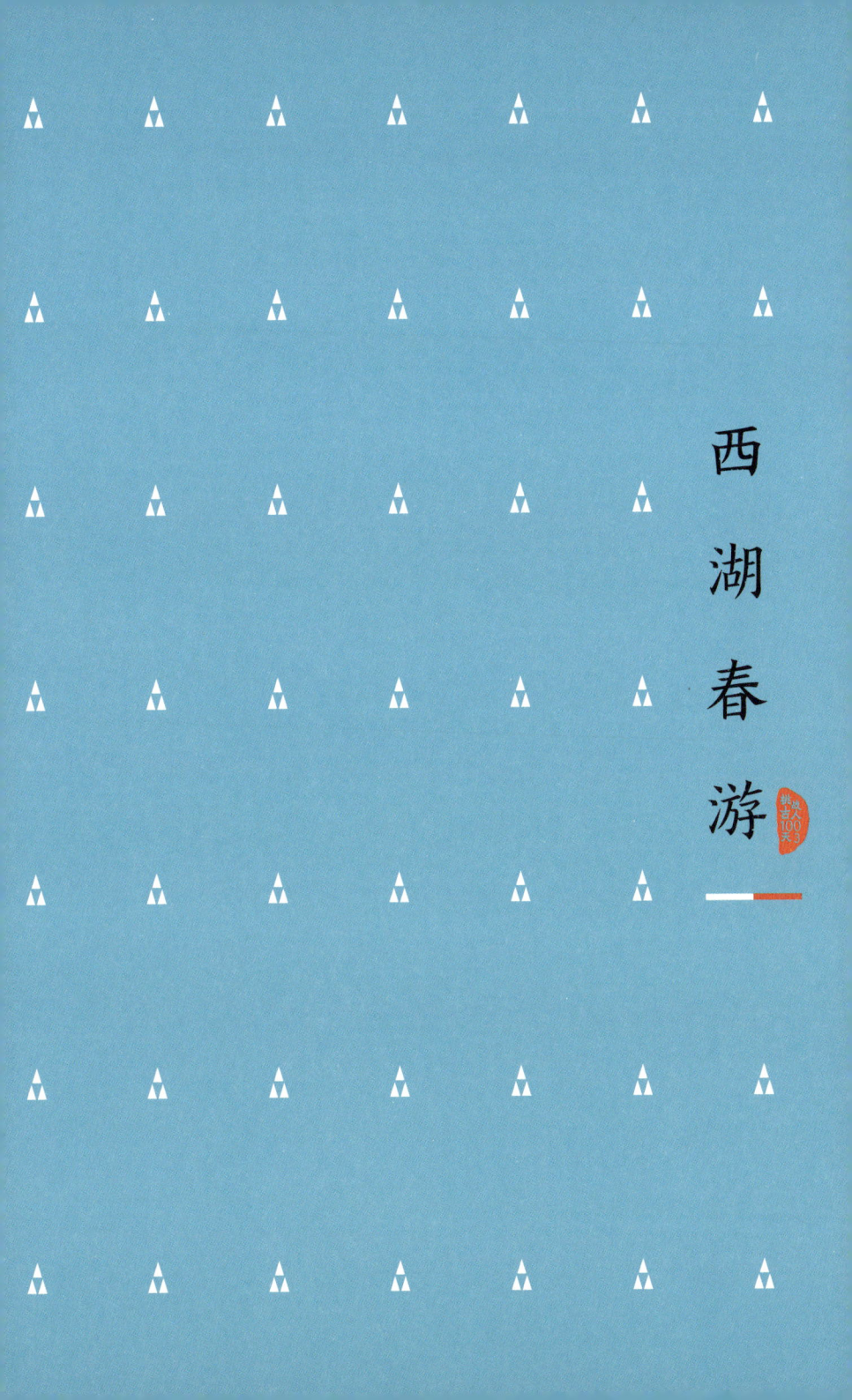

春游有多火？皇帝也来凑热闹！

立春过后，临安城逐渐回暖，西湖边的游人也一天比一天多了。春花灿烂，鸟鸣声声，整个临安沉浸在一片热闹祥和的气氛里。

赵四娘子起了个大早，在婢女的陪同下梳妆打扮。三天前她就和表姐宋娘子约好了今天一起坐画舫游湖，一会儿在断桥碰面。对于一整个冬天都没怎么出门的赵四娘子来说，春游西湖简直是叫她望眼欲穿的大事，她必须好好打扮一番，美美地出游，做湖上最靓的女孩！

能跟着出去玩耍，婢女心情也很好，她兴冲冲地问赵四娘子："听说天子今天会带着皇后、太后等皇室成员们出来游湖，真的假的？"

赵四娘子笑着回答："是真的呢，天子乘龙舟出游，与民同乐，朝中很多官员都要坐画舫陪同的。我爸，我爷爷，还有他们那一群同事，天刚亮就赶着去集合了。我的哥哥们也跟班里的同学一起去凑热闹了。"

赵四娘子的爸爸和爷爷都是本朝官员，她上头还有三个哥哥，她是家里的小女儿。赵家祖籍汴京，也就是本朝的旧都开封。后来都城南迁至临安，赵四娘子的爷爷就带着家人搬到了临安城定居。不过赵四娘子出生在临安，在她的认知里，她已经是个如假包换的临安土著了。

婢女感叹："当官也不容易啊，不仅要起早摸黑地上朝，逢年过节还得加班。"

"可不是嘛！我爷爷一把年纪了都还没退休，大宋公务员不好当啊！"

闲聊中，赵四娘子的妆发完美搞定，她特地选了一身色彩鲜艳的衣裙，坐着轿子高高兴兴地赴表姐的约去了。

轿子走得很慢，赵四娘子听到外面人声鼎沸，忍不住掀开帘子看了一眼。这么一看，她着实惊着了，太久没出门，街上竟然全是人！

婢女看到赵四娘子的表情，笑着说："每年都这样啊，一过完元宵节，整个临安城的人都出来探春了，可热闹了。"

"天子乘龙舟出游，大家肯定都凑热闹去了，毕竟能一睹龙颜的日子每年就那么一两次。我只是觉得奇怪，今年的人好像格外多！"

"可能因为今年春天暖和吧。"

赵四娘子想了想说："不只是因为天气暖和，天子一行人游湖的时候会随机叫外卖，早些年太上皇钦点了宋五嫂做的鱼羹，还赏赐了她，宋五嫂一夜暴富，从此生意兴隆，声名远播。很多做小买卖的人羡慕得很呢，都想像她一样交好运。"

婢女恍然大悟："我说呢，怎么有那么多挑着担子做买卖的人往西湖边走。"

"这种好运可遇而不可求，得看命。比如那个太学生俞国宝，别人寒窗苦读几十年都考不上科举，他凭一首词就得到了太上皇的青睐，加官晋爵。唉，羡慕不来！"

婢女点头说是，俞国宝的传闻她可一点都不陌生。确切地说，整个临安城的人都对这事不陌生。

南宋淳熙年间，已经是太上皇的高宗赵构前往西湖游玩，路过断桥边的一家酒肆，看到酒肆的屏风上写了一首《风入松》。高宗很欣赏这首词，亲自帮改了几个字，越读越觉得妙。他找人打听，原来这首词的作者是一位太学生，叫俞国宝。高宗一高兴，当即下令给俞国宝授了官。

主仆二人正聊到断桥，断桥已近在眼前。

赵四娘子下了轿，就看见在桥边等她的同样打扮得漂漂亮亮的宋娘子。宋娘子老远就认出了赵四娘子的轿子，快步走上前，问她："你们在聊什么啊，这么开心！"

"在聊俞国宝的事呢，不就发生在这断桥边嘛。"

"是啊，这俞国宝可真是撞了大运，不知道多少读书人对他羡慕嫉妒恨呢！"

婢女好奇："那岂不是全临安的读书人都要效仿俞国宝，到处题诗了？"

"题诗也不一定会交好运，万一写了不该写的，说不定还要挨板子呢！"宋娘子说，"前阵子某旅店墙上那首很火的诗，叫什么'山外青山楼外楼，西湖歌舞几时休'……"

"嘘！"赵四娘子赶紧捂住了宋娘子的嘴，压低声音说，"这首诗可不应景！天子一行人今天出来游湖，万一叫别人听见，还以为我们在讽刺朝廷呢。这个锅我可不背！走走走，我们还是坐船去吧。"

赵四娘子拉着宋娘子上了画舫。小婢女没懂她们说的是什么意思，一脸懵地跟着上船了。

📖 小知识

1. 靖康之变后,北宋灭亡,宋朝进入第二阶段——南宋。绍兴八年,高宗赵构正式定都临安府,也就是现在的杭州。绍兴三十二年,高宗禅位,宋孝宗继位,尊高宗为"光尧寿圣宪天体道性仁诚德经武纬文绍业兴统明谟盛烈太上皇帝",即上文提到的"太上皇"。

2. 临安的元宵节从正月十五开始,十七结束。收灯后大家会去郊外春游,这项活动叫作"探春"。《武林旧事》记载:"都城自过收灯,贵游巨室,皆争先出郊,谓之'探春',至禁烟为最盛。"

3. 淳熙年间,赵构游玩西湖时品尝了宋五嫂的鱼羹并加以赏赐,成就了后来的杭州名菜——宋嫂鱼羹。《武林旧事》记载:"小舟时有宣唤赐予,如宋五嫂鱼羹,尝经御赏,人所共趋,遂成富媪。"

4. 太学生俞国宝的事迹,原文载于《武林旧事》:"一日,御舟经断桥,桥旁有小酒肆……乃太学生俞国宝醉笔也。"

5. "山外青山楼外楼,西湖歌舞几时休?暖风熏得游人醉,直把杭州作汴州。"即著名的七绝诗《题临安邸》,作者是南宋淳熙年间的诗人林升。这首诗写在临安城某旅店的墙壁上,意在讽刺南宋统治者苟且偷安,只顾贪图享乐,不思收复失地。

旅游和做生意，在湖上都能搞定

赵四娘子她们乘坐在湖上不断行进的画舫，观赏着两岸的桃红柳绿，还有人山人海。

从湖中央往远处看，苏堤和白堤的游人就像蚂蚁一样，密密麻麻。游人多也就罢了，湖上的船只也多，大小不一，纵横交错，来往不绝。其中有精美的画舫，也有普通的游船，当然最多的还是商贩们划着做流动生意的小商船。

赵四娘子见其中一艘小船在售卖花篮，立刻提起了兴致。她让婢女招呼商贩过来，和宋娘子各挑选了几个，准备回家送朋友。

卖花篮的小船还没走远，宋娘子又招呼了一艘卖点心的船过来。春游西湖，没有甜点怎么行呢？买，必须买！

有了茶水和点心，没有水果怎么行呢？也买！

就这么一会儿工夫，桌子上多出了扇子、首饰、风筝、泥人……婢女啧啧感叹，四娘子可真是"剁手达人"，每次出门都得大包小包地往家里运。

大概是发现这艘画舫上的金主购买力强，四周的小商船一下子都围了过来，争相兜售自己的货物。赵四娘子本来还想买，宋娘子劝阻她:"可以了可以了,再买下去你妈又要骂你了。"

赵四娘子想起上次花钱太多被老妈骂的场景,只好停止了"剁手"。她对表姐说:"在这西湖上做生意的人一点儿都不比游客少,要不说官方带动旅游和经济才是最有效的呢!"

"可不是吗,这些商贩太会做生意了,佩服!"

小商船散去后,画舫提了速度,继续往远处走。这时候,迎面来了一队表演船。船上有吹拉弹唱的,表演杂技的,唱杂剧的,演水傀儡的……看得人眼花缭乱。

赵四娘子兴奋极了:"每次来西湖春游,我最喜欢的就是这些赶趁人的表演了,好有意思!你呢,表姐?"

宋娘子说:"我最喜欢看水仙子,她们打扮得太漂亮了,像画上的仙女一样。"

赵四娘子所说的"赶趁人",指的就是船上表演的那些人。而宋娘子口中的"水仙子",则是在湖上载歌载舞的歌伎舞伎们,她们会盛装打扮,等待客人的召唤。宋娘子觉得,这些歌舞伎是西湖上最别致的一道风景线,很多游人都喜欢看她们。美好的事物总能吸引最多的目光,美人当然也一样。

看着眼前热闹的光景,宋娘子问表妹:"都说当年汴京繁华,春天的金明池人山人海,热闹非凡。不知道西湖和金明池相比,哪个更胜一筹?"

"这是个好问题,难住我了。"赵四娘子陷入了沉思。旧都城当年的繁华景象,她也只听家里的老人们讲起过。尤其是她爷爷,每次说起老家汴京,都会露出又怀念又遗憾的神情。

"我没见过金明池什么样,但是听我爷爷奶奶的描述,估计跟西湖不相上下,各有各的繁华吧。"

"真希望有一天能收复失地,到时候我们就能去金明池游园了。"

"嗯,会有这一天的!"

姐妹俩聊得正high,婢女指着远处说:"姑娘们快看,天子的大龙舟过来了!好壮观啊!我的天呐!"

赵四娘子放下手里吃到一半的点心,拉着宋娘子去窗边看热闹。只见天子的龙舟越来越近,龙舟四周垂着珠帘,悬挂着七宝珠翠,要多奢华有多奢华。可惜天子和皇后都在船舱内,隔着帘幕看不清楚,只能看见外面走动的宫女们。

或许是天子想吃哪家酒肆的美食了,过了一会儿,龙舟掉了个方向,往东边去了。

宋娘子说:"不愧是天子的龙舟啊,真壮观!今天我算是开眼了。"

"去年你没来吗?"

"去年我是赶着花朝节出来春游的,错过了天子游湖。"

"花朝节好啊,都说那时候的西湖是最美的。"

"对啊,花朝节的西湖就像晨起梳妆完毕的美人一样,百花盛放,美不胜收。在湖边走一圈回家,身上都带着花香呢。"

"说得我都动心了,明年花朝节我们来西湖踏青吧。"

"没问题。"宋娘子说着,指了指前方的一座桥,"你快看那儿,好多人放风筝!"

俩人凑在窗边围观,天上的风筝形态多样,迷了姐妹俩的眼。婢女开玩笑说:"以前我听人说,每到春游时节,少年郎们就喜欢在桥上放风筝,吸引女孩子的注意。果不其然啊!"

赵四娘子脸一红,假装要打她。几个人嘻嘻哈哈地笑着打闹,画舫在欢声笑语中继续前行着。

最是一年春好处。春天真是令人心情愉悦的季节。

📖 小知识

1. 每逢春游日,西湖上都有许多做生意的小船,南宋人称之为"湖中土宜"。《武林旧事》记载:"至于果蔬、羹酒、关扑、宜男、戏具、闹竿、花篮、画扇、彩旗、糖鱼、粉饵、时花、泥婴等,谓之'湖中土宜'。"

2. 杭州游人外出踏春时会买花篮等各种礼物馈赠亲友,见《梦梁录》:"男跨雕鞍,女乘花轿,次第入城。又使童仆挑着木鱼、龙船、花篮、闹竿等物归家,以馈亲朋邻里。杭城风俗,侈靡相尚,大抵如此。"

3. 杭州习俗,游人喜欢赶在花朝节出来赏春,见《梦梁录》:"仲春十五日为花朝节,浙间风俗,以为春序正中,百花争放之时,最堪游赏。"

4. 金明池位于汴梁城内,是北宋时期的皇家园林,每年农历三月初一会对百姓开放。《东京梦华录》记载:"三月一日,州西顺天门外,开金明池、琼林苑,每日教习车驾上池仪范。"

卖
花
声

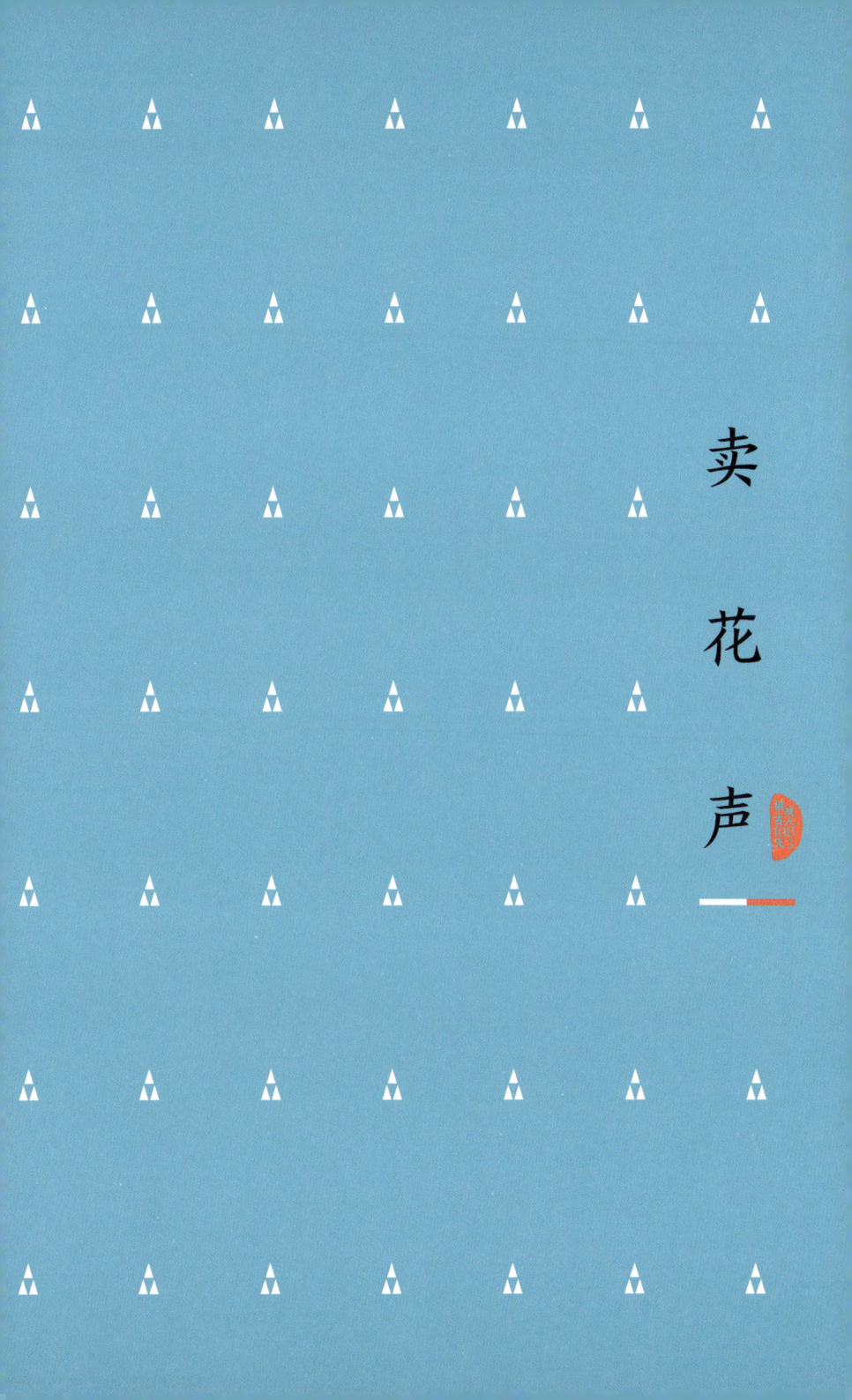

想当卖花郎，先学会唱歌吧

暮春将至，春雨淅淅沥沥下了一晚上。天亮的时候，雨停了，雀鸟在枝头嬉戏。宋娘子在黄莺的叫声中醒来，她打了个哈欠，翻身继续睡回笼觉。

才睡了没多久，窗外传来阵阵叫卖声。那声音抑扬顿挫，婉转动听，一点都不逊色于瓦舍里歌伎们唱的小曲儿，宋娘子听得入了神。那是一位走街串巷的卖花郎，操着旧都汴京口音，宋娘子依稀能分辨出他吟唱的各种花名：杏花、芍药、棣棠、牡丹、木香、海棠、蔷薇……

卖花郎的吟唱声太动听了，宋娘子枕着歌声渐渐又睡了过去。睡着之前她美美地想，表妹赵四娘子最喜欢鲜花，下午她要去表妹家玩投壶游戏，要是带一篮鲜花当见面礼，表妹肯定很开心。

宋娘子和赵四娘子一样，祖籍汴京，爷爷那一辈时搬到了临安定居，她俩的奶奶是一母同胞的亲姐妹。不过赵家世代为官，是大户人家，宋家则只是小康家庭，在临安做点小买卖，日子过得也还算富足。宋娘子的哥哥宋大郎在西湖边经营茶坊，生意挺不错，她的父母平日里也都在茶坊帮忙。

虽然家世背景有差异，但她们表姐妹的感情很好。赵四娘子经常邀请宋娘子去家中做客，有什么好吃的好玩的也会第一时间拿来跟表姐分享。宋娘子也是如此，因此她听到卖花声，第一个想到的自然是爱花成痴的表妹赵四娘子了。

宋娘子起床后，先前叫唱的卖花郎已经离开了。不过她一点都不担心，春天的临安城最不缺的就是卖花人。时值鲜花盛开的季节，卖花人赶着晨光出门，日落才回家，他们在花担子里装满鲜花，游走在街头巷尾，吟唱叫卖。宋朝人管这种叫卖叫"吟叫百端"。

不是所有的叫卖都叫"吟叫百端"，基础门槛是韵律，这种用韵律叫卖的方式源自北宋时期的汴京城。随着都城迁移，经济中心自北到南，"吟叫百端"的叫卖方式也流传到了临安。这也是为什么临安城的叫卖声大多模仿开封口音，临安百姓却见怪不怪。

临安气候温暖，四季都有不同的鲜花盛开，而时人富庶，对鲜花的需求量大，不少人会上街卖花，赚钱贴补家用。有意思的是，并非所有卖花人都能吸引顾客。想在临安当一位合格的卖花郎，首先要学会"吟叫百端"这种叫卖方式，而且得是汴京口音！《梦粱录》中就记载了这一有趣的现象——"亦俱曾经宣唤，皆效京师叫声"，这里的京师指的就是汴京。

宋娘子在院子里坐了会儿，果然又有卖花声传来。她走出院子，只见两位卖花人一前一后朝这边走来。她叫住其中提马头竹篮的那位，讨价还价一番后成交。她买了一大把赵四娘子最爱的杏花，还有一把含苞欲放的芍药花。

另一位卖花郎看见了商机，不甘示弱，卖力地吟唱着："牡丹……蔷薇……金雀儿……"

他的叫唱声实在太过好听，宋娘子马上被吸引住了。她走近一看，只见花担子上各类鲜花仍带着晨露，娇艳欲滴，每一种她都好想拥有！

宋娘子对卖花郎说："你等我一下，我手里拿不下那么多，得回去拿个篮子。"

"好嘞。谢谢小娘子照顾生意。"

宋娘子疯狂挑选了一阵子后，装了满满一篮鲜花，把春天最美的色彩全都汇集在了一起。

宋大郎看见妹妹拎了一篮子花回来，眼前一亮："这不巧了吗，我刚想买点儿花装饰装饰咱家的茶坊，前几天还买了一批新花瓶呢。来，把这篮花给我吧。"

"这是要送给表妹的，你再去买点吧。听到那位卖花郎的叫唱声了吗，还没走远呢。"宋娘子说完，忍不住补了一句夸奖的话，"他的叫卖声太好听了，我听了就忍不住想花钱买买买。"

宋大郎说："瓦舍里有专门模仿叫卖声的表演节目，你要是喜欢，改天我们去听。"

"好！下午见了表妹，我约她一起。"

宋娘子拎上一篮子春色，欢欢喜喜进屋去了。

📖 小知识

1. 临安百姓生活富足，因而对鲜花有着极大的热情。春日里卖花人在城内走街串巷，沿街叫卖，生意非常好。如《梦粱录》记载："是月春光将暮，百花尽开，如牡丹、芍药、棣棠……种种奇绝。卖花者以马头竹篮盛之，歌叫于市，买者纷然。"

2. 南宋著名诗人陆游在《临安春雨初霁》中所写的"小楼一夜听春雨，深巷明朝卖杏花"即临安城内卖花的情形。
3. 《都城纪胜》记载："夜间顶盘挑架者……遍路歌叫，都人固自为常，若远方僻土之人乍见之，则以为稀遇。"意思是说，对于夜间挑着担子沿路叫卖的声音，临安人早就习以为常。
4. "吟叫百端"在宋朝也是一项娱乐节目，瓦舍有专门表演这门技艺的人。《东京梦华录》中记录了一位擅长"叫果子"表演的艺人文八娘，《武林旧事》中也有记录"吟叫"技艺表演者姜阿得、钟胜、吴百四等人。
5. 卖花郎的叫卖声在两宋逐渐形成韵律，"卖花声"三个字也演变成了宋词和元曲常用的词牌名/曲牌名，如元代散曲家张可久的《卖花声·怀古》。

在宋朝过小资生活，鲜花是必需品

午后，宋娘子拎着鲜花去赵四娘子家参加聚会。赵四娘子很贴心，特地遣了轿子来接她。她坐在轿中，偶尔掀开帘子看外面的风景。她发现，无论是酒楼、茶坊，还是其他商铺，无一例外都插着鲜花。卖花人更是来往不断，或拎着花篮，或挑着花担子。

到了赵四娘子家，宋娘子跟她说了这一现象。她忍不住感叹："春天真好啊，到处都能看见鲜花，就连路上走着的男子，无论老少，头上都簪着花。"

"我朝男子爱簪花也不是什么新鲜事，天子宴请百官的时候，要是赶上心情好，还会给大家赐花呢。更别说家里装饰用的鲜花了。我听说，临安每年的鲜花消耗量都很大。"

"难怪街上有这么多卖花人，几乎每个花担的生意都很好。"

赵四娘子表示赞同："春天卖桃花、杏花，夏天卖荷花、茉莉，秋天卖木樨、秋茶花，冬天卖梅花、瑞香……临安四季鲜花不断，而且不重样。在临安做个卖花人就能丰衣足食，也是一种幸福。"

"卖花不难，吆喝比较难，得努力学习汴京腔。很多人怕是学不会呢，哈哈。"

"我可喜欢听货郎们的叫卖声了,很有生活气息,抑扬顿挫的。"

"我哥说瓦舍里有专门模拟叫卖声的演出,下次我们可以去看。"

"那再好不过了。对啦,你哥的茶坊最近生意怎么样?"

"还不错。上午他还买了一篮子花呢,说是要拿去装点他的茶坊,吸引顾客。"

"有鲜花装饰的店铺,生意确实要更好一些。我朝人民真小资,真会享受生活!"

赵四娘子说得不错,两宋人民对鲜花的喜爱在历史上是出了名的,不少诗词中都提到"卖花声"和"卖花人"。北宋风俗画《清明上河图》中也画了汴京城内卖花的场景,而且不止一处。

〔北宋〕张择端《清明上河图》(局部) **卖花人**

曾经只有富贵人家才能享受的鲜花，在两宋逐渐趋于平民化，临安人对鲜花的需求量更是惊人。如《西湖老人繁胜录》中所述："初一日，城内外家家供养，都插菖蒲、石榴、蜀葵花、栀子花之类，一早卖一万贯花钱不啻。何以见得？钱塘有百万人家，一家买一百钱花，便可见也。"

正是因为鲜花经济的迅速发展，北宋都城汴京和南宋都城临安都有专门的鲜花市场。

"现在已经是暮春了，很多春天里才有的鲜花即将下市，趁着现在还能买到，我们过几天去逛花市吧。"赵四娘子提议，"我想去花市多买些鲜花送到你们家茶坊，让表哥好好布置布置，好吸引更多顾客来打卡。"

"不用特地去花市吧？大街小巷到处都是卖花郎，他们的花都很新鲜，每一朵都带着露珠呢。今天一大早我就听到了卖花声，一上午有十几个花担子从我家门口经过。"

赵四娘子想了想，觉得表姐说得对，来往的卖花人那么多，每个花担子上买几枝就够了。她自幼在临安长大，每年春天都是在卖花声中度过的。卖花郎们不分昼夜，风雨无阻，有人的地方就有他们的足迹，他们边走边叫唱，把春天带到每一个角落。

那就珍惜最后的春光，循着卖花声去买花吧。

小知识

1. 描述卖花的诗词，如李清照《减字木兰花·卖花担上》："卖花担上，买得一枝春欲放。泪染轻匀，犹带彤霞晓露痕。怕郎猜道，奴面不如花面好。云鬓斜簪，徒要教郎比并看。"

2. 宋朝人爱花，临安一年四季都有不同的鲜花售卖。《梦粱录》记载："四时有扑带朵花，亦有卖成窠时花，插瓶把花、柏桂、罗汉叶，春扑带朵桃花、四香、瑞香、木香等花，夏扑金灯花、茉莉、葵花、榴花、栀子花，秋则扑茉莉、兰花、木樨、秋茶花，冬则扑木春花、梅花、瑞香、兰花、水仙花、腊梅花，更有罗帛脱蜡像生四时小枝花朵，沿街市吟叫扑卖。"

3. 临安城的花市位于官巷，见《都城纪胜》："大抵都下万物所聚，如官巷之花行，所聚花朵、冠梳、钗环、领抹，极其工巧，古所无也。"

4. 《武林旧事》中《诸市》一文记录："药市（炭桥），花市（官巷），珠子市（融和坊南官巷），米市（北关外黑桥头），肉市（大瓦修义坊）……"可见当时花市和药、米、肉等市一样，是非常普遍的集市。

佛诞日

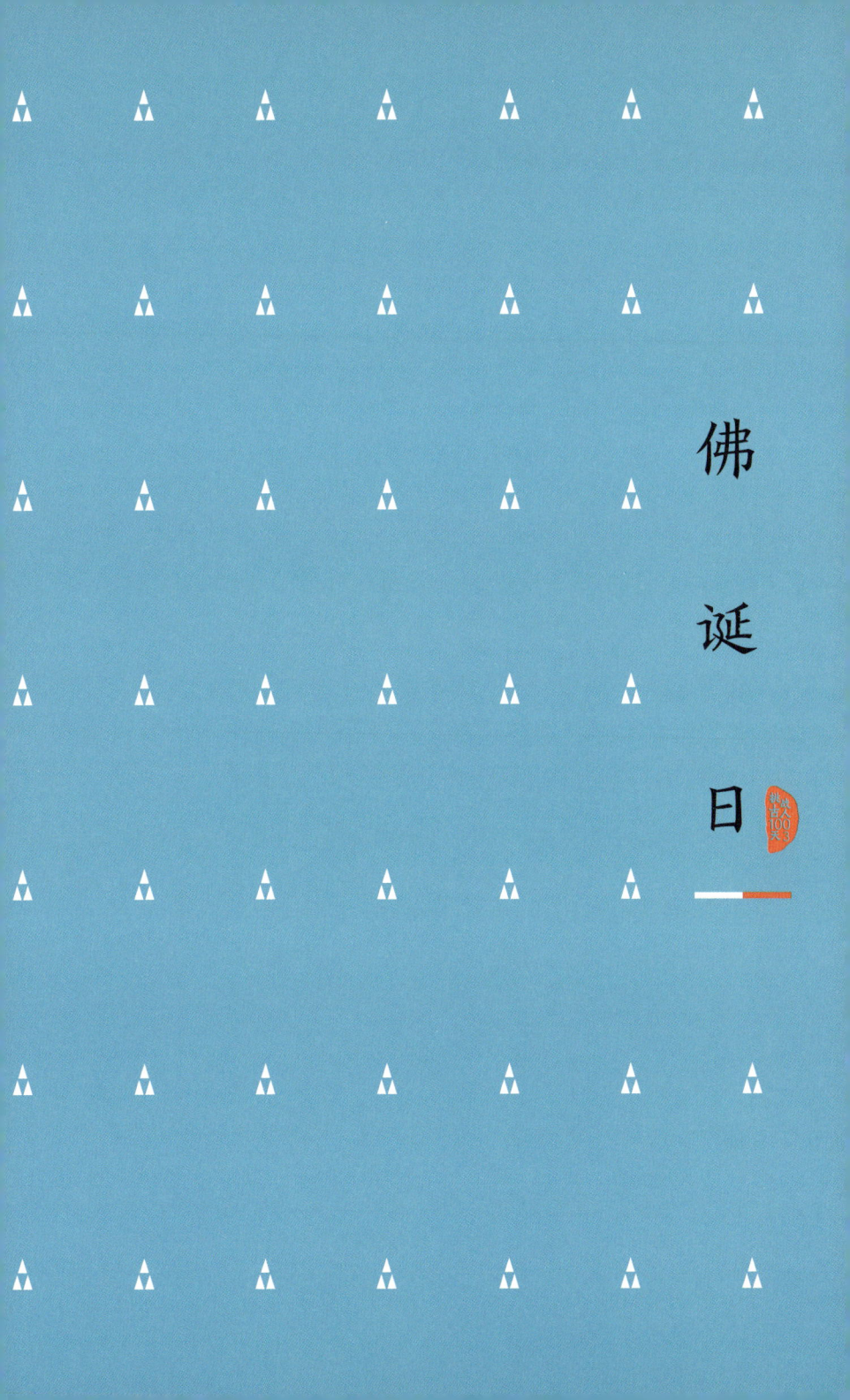

佛祖的生日，隆重的节日

四月的临安柳絮纷飞，暖意融融，在阳光和煦的日子里甚至有种初夏的感觉。

赵四娘子在湖上的凉亭里吃早饭，时不时打个哈欠。都说春困秋乏，还真挺有道理。要不是因为今天是佛诞日，她答应了陪奶奶一起去寺庙，她真想好好睡个懒觉，到日上三竿再起来。

佛诞日即佛祖释迦牟尼的生日，书上说，"今乃四月八日，我佛降生之时，天下精蓝，皆悉浴佛"，因此佛诞日又叫浴佛节。本朝百姓虔诚，每年四月八日这一天，临安的大小寺庙都会举行斋会。赵奶奶吃斋念佛十几年了，对她来说，今天绝对是个大日子。

吃完早饭，赵四娘子伸了个懒腰，朝着赵奶奶住的院子走去。回廊里传来叽叽喳喳的鸟叫声，她抬头，发现房梁下有燕子垒的巢穴，一群雏燕正探着脑袋，跃跃欲试想要飞出去看看。

"雏燕长大了，看来春天马上要过去了啊。"赵四娘子感叹。春光易逝，每年浴佛节之后，巷子里的卖花声都变少了，再往后就得等盛夏的荷花了。

赵奶奶的院子里也种了不少花草，其中一棵石榴树的枝丫伸出了墙头，老远就能看见星星点点的火红花苞，再过几天就该绽放了。

赵四娘子站在石榴树下等候，很快，奶奶在婢女的陪伴下走出了院门。她特地换上了新衣服，梳了个非常正式的发髻，手里还拿了串念珠。

赵四娘子迎了上去："奶奶您今天真好看，我好久没见您打扮得这么隆重啦！"

"就你嘴甜，还是让你陪我去寺院好。你那些哥哥啊，一个比一个没耐心。"赵奶奶说，"我小时候也经常陪我奶奶去大相国寺参加浴佛节，现在想起来，真的是好遥远的事情了。"

赵四娘子知道，奶奶口中的大相国寺是旧都城内最大的寺庙，曾经香火鼎盛，闻名全国。每年浴佛节，汴京的百姓，无论男女老少都会聚集在大相国寺，一同参加浴佛斋会。

"那个时候啊，汴京的每座寺庙都会举行斋会，其中要数大相国寺的斋会最盛大，最隆重。"赵奶奶开始了她的回忆。

"我记得浴佛仪式前，僧人会端出一个四尺长的金盘放在佛殿上，用紫色的销金龙凤花木帷幕盖住金盘，旁边放着小方座、经案、香盘等物件。我们等了好一会儿，大殿内终于开始敲锣打鼓，他们燃烛火，撒香花，簇拥着一尊佛像进来。那佛像是用金子做的，大约两尺来高，一手指着天，一手指着地，看上去神圣又庄严。

"僧人们把佛像放在金盘上，举起佛具，开始诵经祈福。在场的香客们也都跪着，仰视着佛像，叩拜祈福。等到诵经完毕，一位德高望重的老僧人举起长柄金勺，用提前熬制好的浴佛水浇灌佛像周身，为佛像沐浴。这就是大相国寺的浴佛仪式了。"

赵四娘子听得入神，仿佛自己也回到了那个年代，回到了爷爷奶奶回忆中的汴京城。据说，浴佛水是用香料和糖熬制而成的，浴佛仪式结束后，僧人们会把浴佛水分发给前来参加斋会的香客。喝了浴佛水就意味着得到了佛的赐福，此后会万事顺心，大吉大利。

"时候不早啦，我们该去寺庙了。"赵奶奶说，"再晚就赶不上斋会了。"

赵四娘子点了点头。她知道奶奶肯定很怀念大相国寺的斋会，于是安慰道："虽然我们现在去不了大相国寺，但临安城的浴佛节也很隆重呀。我们一家人在一起，在哪儿过节都有意义。"

赵奶奶被哄得很高兴，眉开眼笑地出门了。参加完浴佛斋会，她们还要去西湖参加放生会。佛诞日这样的大日子，真是热闹又忙碌呢！

小知识

1. 佛诞日又称浴佛节，是佛教的传统节日。北宋时期，汴京各大寺院会在农历四月八日举行浴佛斋会。《岁时杂记》记载："诸经说佛生日不同，其指言四月八日生者为多……"其后宋都开封诸寺，多采用四月八日浴佛。

2. 大相国寺位于北宋都城汴京城内，初建于北齐，原名建国寺，唐睿宗赐其名"大相国寺"，北宋时期被封为皇家寺院，是全国的佛教中心。

3. 浴佛水是用香料和糖水煎煮熬制而成，《东京梦华录》记载："四月八日佛生日，十大禅院各有浴佛斋会，煎香药糖水相遗，名曰'浴佛水'。"

4. 宋人金盈之在《醉翁谈录》卷四的《京城风俗记》一文中详细记载了大相国寺浴佛节的情形："盖行《摩诃利头经》浴

佛之日。僧尼道流，云集相国寺，是会独甚……大德僧以次举长柄金杓，挹水灌浴佛子。浴佛既毕，观者并求浴佛水饮漱也。"

南宋人的生意经，浴佛不耽误做买卖

浴佛斋会结束之后，赵四娘子在大殿外偶遇了宋娘子和她的奶奶。宋奶奶是赵奶奶的亲姐姐，也就是赵四娘子的姨奶奶。两位奶奶年纪虽然大了，但平时也经常来往走动，关系和出嫁前一样亲密。

赵奶奶看见姐姐，笑得眼角都起了褶子："可真巧，竟然碰见姐姐你了。"

宋奶奶说："这可不能说巧，佛诞日是大日子，每年四月八日孙女都会陪我来这儿参加浴佛斋会呢。"

"要不说孙女贴心呢，我每年来寺庙礼佛，也是孙女陪着呢。"赵奶奶说，"大殿里人太多了，刚才没看见你。既然遇见了，跟我一起去西湖边放生吧。"

"好啊，我也正想去呢。去年这时候光顾着和孙女逛庙会了，没去西湖放生。今年可不能再错过。"

两位奶奶聊得很开心，笑着往寺庙门口走去。

赵四娘子和宋娘子在后面跟着，边走边闲聊。宋娘子问赵四娘子："你奶奶每年都去西湖放生吗？"

"是啊，她那么虔诚，都快赶上梁武帝了。"

宋娘子被逗笑了。她平时爱看书，当然知道梁武帝是何许人也。那可是历史上鼎鼎有名的和尚皇帝，曾经四度出家为僧。

出了寺院大门，姐妹俩各自走在自己的奶奶身边。一行人沿着大路前行，没多久就到了放生的地方。

赵四娘子心想，幸亏寺庙离西湖近，不然这么多人同时出门，拥挤是最令人头疼的事——佛诞日当天不只香客和游人会外出，做生意的小商贩才是最多的。临安城里这些做小买卖的人可是相当有生意头脑的，有人拜佛就有人卖香烛，有人放生就有人卖活鱼、活虾、活乌龟，还有活的螺、蚌等。

放生池附近的湖面上停着一排又一排小船，船上放着一桶桶鱼虾，那都是小商贩们拿来卖给香客的。他们热情地向游人兜售着自己的商品：

"活鱼，活虾，快来看！"

"浴佛节放生，行善积德。客官，买一只呗！"

宋娘子凑到赵四娘子耳边，偷偷说："这些人真是有一本不错的生意经啊。"

"佩服他们，有这样的精神，发家致富不是梦！"

这不，除了卖活鱼活虾的，周围还有很多卖小吃、点心的摊子。很多香客大老远来西湖放生，走累了不得买点吃食填饱肚子吗。有人的地方就有需求，有需求就有盈利！

赵奶奶在湖边观望了一圈，让赵四娘子帮她买点放生的鱼虾。她叮嘱："不用买太多，心诚则灵。"

"好嘞。"

鱼虾很快买来了，但由于放生的人太多了，她们还排了会儿队。好不容易人少了些，赵四娘子扶赵奶奶走到台阶旁，把刚买的鱼虾放到了西湖中。这些活物一入水,忽然就来了精神,只见它们扭动身子,迅速消失在大家的视线中。

放生结束后,姐妹俩又陪着两位奶奶沿西湖边散了会儿步,欣赏暮春的湖光山色。

赵奶奶平时很少出门,趁着这个机会,赵四娘子在路边摊上给奶奶挑了好几样小礼物,有香囊、扇子,还有簪子。不得不说,浴佛节给西湖附近的景点带来不少商机呢,就像当年大相国寺内的万姓交易一样,人来人往,生意十分兴隆。

回到家中,赵四娘子的哥哥赵三郎兴致勃勃地来找妹妹,说:"你错过好事了,今天有一群僧人来家里求布施。他们抬着一尊小佛像,还带了浴佛水。我和两位哥哥,咱爸咱妈,大家挨个用勺子舀浴佛水灌洗佛像,祈求家宅平安,人生幸福圆满。"

"我又不是出去玩,是陪奶奶去寺庙了。"赵四娘子说,"看来你们在家也没闲着啊。"

"浴佛节是佛祖的生日,这样的大日子,我们怎么能闲着呢!"

"哥,明年浴佛节我们去逛庙会吧。我在寺庙碰见宋家表姐了,她说浴佛节的庙会可热闹了!"

"行啊,来年再约吧。"

"可惜要等一整年。"

"春天就要过去了,一年也会很快过去的。"

是啊,春去秋来,一年不过是眨眼间。

📖 **小知识**

1. 关于浴佛节在国内的兴起,《佛祖统纪》记载:"四月八日(帝于)内殿灌佛斋僧。"这里的"帝"指的是南朝的宋孝武帝。另,南北朝笔记文学《洛阳伽蓝记》记载:"至八日,以次入宣阳门,向阊阖宫前受皇帝散花……名僧德众,负锡为群,信徒法侣,持花成薮。"连皇帝们都亲自参与,可见浴佛节在魏晋南北朝时期就已盛行。

2. 明代笔记小说《舌华录》有记载关于梁武帝放生的故事:"北朝李谐至南,梁武与之游历,至放生处。帝问曰:'彼国亦放生不?'谐对曰:'不取,亦不放。'帝赧然。"

3. 西湖放生会的盛况,见《武林旧事》:"是日西湖作放生会,舟楫甚盛,略如春时小舟,竞买龟鱼螺蚌放生。"

4. 宋人蔡襄写过一首关于浴佛节当天西湖放生会的诗——《四月八日西湖观民放生》。

5. 佛诞日当天,僧人会抬着佛像出门,路过富裕人家时会求布施。《武林旧事》记载:"僧尼辈竞以小盆贮铜像,浸以糖水,覆以花棚,铙钹交迎,遍往邸第富室,以小杓浇灌,以求施利。"

民风民俗

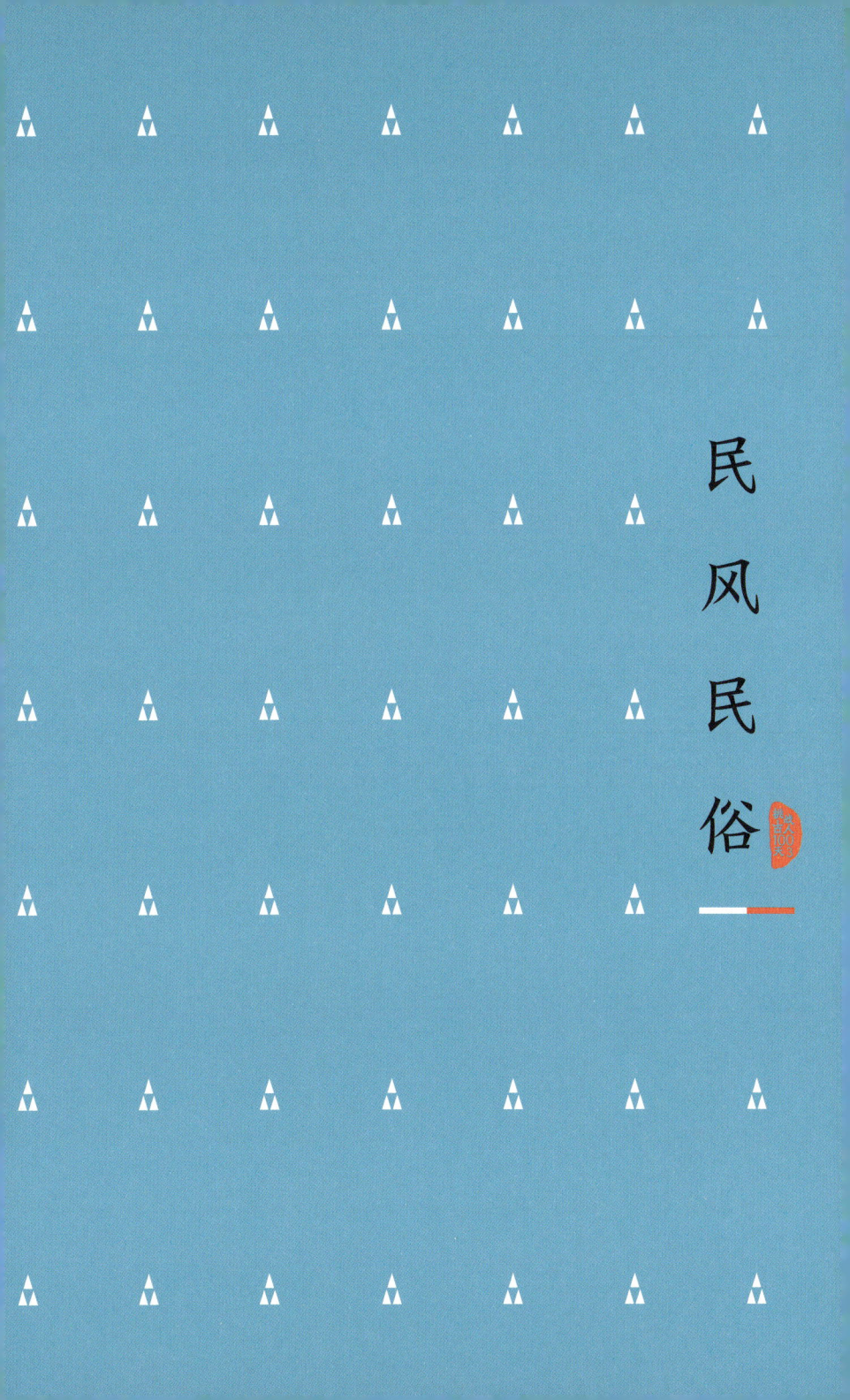

传承与创新，临安人表示很包容

初夏，骤雨转晴。趁着天气好，赵三郎准备去街市逛一圈，淘点他感兴趣的书。

赵四娘子看见哥哥要外出，托他打包一些吃的回来。她说："最近一直下雨，不太想出门，可我惦记王楼山洞梅花包子好久啦。另外我还想吃鸡丝签、鲜虾粉、三刀面、两熟鲫鱼——"

赵三郎赶紧打断她："行了行了，你有几个胃？我买完书再给你打包，可能会晚一点。"

"没事，为了好吃的，等多久都值！"

赵三郎叹了口气，妹妹真是个吃货，南方的鱼虾蟹，北方的面饼馒头，她来者不拒。好在临安在饮食方面一向包容，无论是北食还是南食，街市上应有尽有，而这得归功于南渡后来临安开店的那些汴京人。

曾经繁华一时的汴京城里酒楼林立，食店遍布，《东京梦华录》等典籍中记录的菜名和小吃名有数百种之多，可见宋朝人在"吃"上面毫不含糊。南渡后，汴京人把手艺也带了过来，他们在临安城继续开着汴京风味的餐馆。自此，汴京人的味觉记忆在临安得到了传承。

有意思的是，很多卖北食的汴京馆子为了迎合南方人的口味，也会推出相应的南方菜式，北食和南食在这座南方城市逐渐融合，这也是当时临安城特有的饮食风俗。

赵三郎最爱吃的"血肚羹宋小巴"就是汴京人开的一家店，他听说，太上皇爱吃的宋五嫂鱼羹，也是一家来自汴京的餐馆。

逛完书店，赵三郎去了临安城有名的美食一条街给妹妹打包吃的。在美食街，他遇见了同样来打包吃食的宋大郎。宋大郎抱着几卷字画，正在一家小铺面的食店门口排队。店里生意太好，来光顾的客人太多了，队伍也排了老长。

"表哥，你也来买吃的呀。"赵三郎热情地打招呼。

"今天我们家茶坊生意好，没空做饭，我出来打包了。"

"临安城里的餐厅，无论大小，饮食卫生都相当有保障，打包回去吃也让人放心。"

"是啊，这也是得益于汴京旧俗呢。"

他们正排队等餐的这一家食店，盘盒器皿都擦洗得非常干净。路边卖小吃的摊子也都装饰着车盖，卫生条件令人欣慰。而这种在饮食上的讲究劲儿，正是效仿了昔日汴京的风俗。

赵三郎笑着对宋大郎说："我爸说，太上皇喜欢民间小吃，经常派人出宫来买。这些开餐馆卖吃食的人哪敢懈怠啊，万一自己的主顾是太上皇，那还了得！食物不仅口味要好，卫生条件也得过关。说不定哪天太上皇一高兴，他们就成了下一个宋五嫂。"

宋大郎深以为然："可不，谁不想一夜暴富！我也希望太上皇和天子能来我的茶坊光顾光顾，那我就发财了。"

"有太上皇带来的这一波流量，发家致富不是梦啊！"

两个人做发财梦的工夫，他们的吃食已经打包好了。这家食店不仅卫生条件好,老板干活也麻利。

取了餐,赵三郎问宋大郎接下来去哪儿逛。宋大郎摇摇头:"没时间逛啦,吃完饭我还得干活。最近茶坊在装修,我买的这些字画就是想挂在厅堂里的。来我们茶馆的客人大多喜欢风雅,像挂画、插花、焚香这些雅致的事情,必须安排起来。"

赵三郎秒懂:"噢,明白,这是汴京的旧俗呀。临安城的酒楼茶坊几乎都有书画鲜花之类的装饰,有的甚至连装修风格都跟曾经的汴京酒楼一模一样。"

"岂止是装修风格呀,各行从业者穿的职业装,基本也是沿袭了汴京习俗。"

宋大郎所说的职业装,正是之前汴京很流行的一种现象。比如开香铺的人戴顶帽、穿褙子,质库的掌事穿皂衫、裹头巾……

"这个传承好,士农工商各行各业,一看他们的穿着打扮就知道是干啥的,简洁明了。"

"可你今天穿得不太像个学生欸……"

赵三郎干咳两声,嘿嘿一笑。今天外出是临时起意,他随便套了件花里胡哨的衣服就出门了,确实容易被误以为是纨绔子弟。

"下次一定注意。我要去给我妹打包三刀面了。改天再聚。"

两人道别,踏着午间的阳光,朝不同的方向离开了。

📖 小知识

1. 南宋人在饮食风俗上效仿北宋,精致而讲究,《梦粱录》记载:"杭城风俗,凡百货卖饮食之人,多是装饰车盖担儿,盘盒器皿新洁精巧,以炫耀人耳目,盖效学汴京气象,及因高宗南渡后，常宣唤买市，所以不敢苟简，食味亦不敢草率也。"

2. 都城南迁后，北方移民大量涌入临安，临安的饮食文化得到了相应的传承和发展，城内不少食店都是汴京人开的，这一点在很多古籍中都有记载，如《都城纪胜》："都城食店，多是旧京师人开张，如羊饭店兼卖酒。"

3. 《枫窗小牍》记载："若南迁，湖上鱼羹宋五嫂、羊肉李七儿、奶房王家、血肚羹宋小巴之类，皆当行不数者。"从上述文字中可以看出，著名的宋嫂鱼羹，还有羊肉李七儿等，都是从北方南迁过来的店。

4. 临安的食店不仅在饮食风俗上效仿了汴京，装修风格也一脉相承，见《梦粱录》："汴京熟食店，张挂名画，所以勾引观者，留连食客。今杭城茶肆亦如之，插四时花，挂名人画，装点店面。""杭城食店，多是效学京师人，开张亦效御厨体式，贵官家品件。"

5. 临安各行业人士的穿衣打扮，见《梦粱录》："且如士农工商诸行百户衣巾装着，皆有等差。香铺人顶帽披背子。质库掌事，裹巾着皂衫角带。街市买卖人，各有服色头巾，各可辨认是何名目人。"这跟《东京梦华录》中记载的汴京民俗相差无几，说明在"职业装"方面，两宋习俗一致。

暖房聚会，泡澡堂，骄民日常很精彩

赵三郎拎着大包小包回家，在家门口碰见了赵四娘子和她的婢女。赵四娘子手里也拎着东西，看上去心情愉悦。

赵三郎问妹妹："你不是说今天不出门吗？"

"本来是不想出门的，刚听到巷子里有货郎叫卖糖蜜枣儿，忍不住想出来买点。"

"你还真是个吃货。"

赵四娘子笑嘻嘻的："我是吃货我骄傲，要不要分你点？除了糖蜜枣儿，我还买了金橘团和烤鸭，一个人吃不完。"

"巷子里有那么多卖小吃的货郎？"赵三郎表示纳闷。

"不多，就一个，但架不住人家的货种类多呀！"赵四娘子给哥哥科普，"你不怎么从货担上买东西，可能不知道，这些货郎售卖的物品基本都不是自己做的，而是从作坊里批发的。反正都要走街串巷到处卖，不如一次性多批发点，哪怕每样的利润不高，这些样卖下来，每天也能盈利不少呢。"

"原来如此，是我没见识了。"

"还有一些老实本分的贫困人，作坊允许他们把货物先拿去卖，到晚上看赚了多少，再去结算本金，让他们赚个跑腿钱。"

"怪不得大家都说我们临安人是骄民呢。你别说，这些人还挺有生意头脑。"

"是啊。在临安生活的百姓哪怕身无分文，只要踏实肯干，都是饿不死的。这也是我们临安特有的民风，包容万物。"

"长知识了，谢谢妹妹答疑解惑。我们进屋吧，再不走吃的都凉了。"

兄妹俩进到家里，一起分享打包回来的美食。

饭后，赵三郎悉心收拾他买回来的东西。赵四娘子发现他买了很多生活用品，而且不像是自己用的。出于好奇，她问了一句，没想到一提起这事，赵三郎就滔滔不绝地说了起来。

原来几天前，附近巷子里新搬来了一户人家，姓刘。刘家的儿子刘郎君是个读书人，跟赵三郎差不多年纪。赵三郎仰慕刘郎君的文采，两人意气相投，很快成了好朋友。

刘郎君一家初来乍到，人生地不熟，租房子还花了不少积蓄。为此，赵三郎跟哥哥赵二郎合计了一番，决定为刘家办个暖房聚会，顺便给他们家采办一些生活用品。

赵四娘子听了，不由得夸奖："没想到我玩世不恭的三哥还有这一面。你这行为很有爱呀，乐于助人，值得夸奖。"

"人家大老远来这里安家不容易，咱们能帮就帮点。临安民风一向如此，多我一个不多。"

赵四娘子拿了些私房钱交给赵三郎："那也算我一份吧。钱不多，聊表心意。你们搞暖房聚会的时候多打包些酒菜，就当我请客。"

"妹妹真大方！那我就替刘家人谢谢你啦。"

"谢就不必了，明天陪我去逛街呗，我想买一些凤仙花做指甲油。"赵四娘子亮了亮自己的手指,"端午就快到啦,女孩们都要用凤仙花汁染指甲的。奶奶说汴京也有这样的习俗,她年轻的时候也喜欢涂呢。"

赵三郎为难:"明天恐怕不行,我约了刘郎君去香水行。"

别误会,赵三郎说的"香水行"可不是卖香水的地方,而是澡堂子。公共澡堂在北宋已经普及,到了南宋,公共澡堂更加流行,大街上到处都能看到香水行。而且价格公道,无论贫民还是富人,都能享受搓澡待遇。

赵四娘子对赵三郎喜欢泡澡堂子一事见怪不怪,不只她哥哥很喜欢,临安人爱泡澡就像一件约定俗成的事。干完一天活后,洗个热水澡解解乏,的确是无比舒服。

既然如此,晚上她也在家享受一个鲜花浴吧。

小知识

1. 临安风俗,市场上售卖的物品大多来自作坊,售卖者即便身无分文也能赚取劳动所得。《武林旧事》记载:"都民骄惰,凡买卖之物,多与作坊行贩已成之物,转求什一之利。或有贫而愿者,凡货物盘架之类,一切取办于作坊,至晚始以所直偿之。虽无分文之储,亦可糊口。此亦风俗之美也。"

2. 临安民风淳朴,百姓热情好客,对新搬来的邻居会加以帮助,"暖房"风俗自那时起就有。《梦粱录》记载:"或有新搬移来居止之人,则邻人争借动事,遗献汤茶,指引买卖之类,则见睦邻之义,又率钱物,安排酒食,以为之贺,谓之'暖房'。"

3. 端午节女子用凤仙花汁染指甲的习俗源自北宋,《燕京岁时记》记载:"凤仙花即透骨草,又名指甲草。五月花开之候,闺阁儿女取而捣之,以染指甲,鲜红透骨,经年乃消。"
4. 临安人生活丰富,四季都有不同的娱乐活动,如春游、泡澡、观潮等。见《梦粱录》:"临安风俗,四时奢侈,赏玩殆无虚日。"

澡堂文化

我爱洗澡，皮肤好好——宋朝人的真实写照

对南宋人而言，找个空闲时间，约上三五好友去泡澡，简直就是人生中的一大乐事。赵三郎深谙此道，他打算和哥哥赵二郎一起带新认识的朋友刘郎君去一次香水行，感受一下临安的澡堂文化。

刘郎君的老家在西南一带，不久前他们一家三口搬到了临安。他如今是临安某书院的学生，他的父母则开了个小铺子，做点小买卖。

赵三郎一行人去的是临安澡堂界的"网红店"，环境雅致，很多文人士大夫都爱去那儿泡澡。

到了香水行一条街，赵三郎给刘郎君介绍说："这一带就是临安城有名的泡澡天堂了，其中有好几家店都被文人写诗称赞过呢。我朝人民风雅，给澡堂取'香水行'这么个名字，真是又好听又贴切。"

"'香水行'确实是个好名字。"

刘郎君观察了一圈，见附近不少店门口都悬挂着水壶——这是宋朝公共澡堂的标志。

赵三郎领着大家走进其中一家澡堂。澡堂前部分是一间茶室，墙上挂着字画，四处摆放着当季鲜花，看上去整洁高雅。有几位顾客正在品茗说笑，看他们的样子，应该已经泡完澡了。

"这儿的茶香真宜人，一点不输西湖边的茶坊。"刘郎君说，"我们也去泡澡吧，泡完来品茗。"

"好，我们找个搓澡工吧，最近天气逐渐炎热，得好好清洁一下身躯。"

"我也正有此意。"

不要疑惑，宋朝的公共澡堂确实已经有搓澡工了！大文豪苏轼就是泡澡堂的狂热爱好者，他还曾写过两首以泡澡为主题的《如梦令》，词中有两句是"寄语揩背人"和"寄语澡浴人"，"揩背人"和"澡浴人"就是我们现在俗称的搓澡工。

公共澡堂中有茶室，有休息区，还有搓澡工……如此人性化的一条龙服务，足以说明宋朝的洗澡文化跟前朝相比有了飞跃式的发展。至少在现有的文字记载中，宋朝被认为是公共澡堂开始流行的朝代。

赵三郎等人搓完澡，在池子里舒舒服服地泡着。刘郎君不住地称赞着这家澡堂："这里不仅环境好，搓澡工的技术也很好，我感觉从头到脚都干净了，真是焕然一新啊！"说着，他忍不住吟诵起了苏轼的《如梦令·自净方能洗彼》。

赵二郎笑着说："刘郎真是好学识，洗澡还要吟诗呢。"

"只怪东坡居士这两首搓澡词写得太妙。"刘郎君说，"据说在东坡居士所在的年代，汴京城内就已经有好多公共澡堂了。"

赵二郎点头："是的，我爷爷也说过，汴京有一条街因为开了很多澡堂，被称为浴堂巷。"

赵三郎说:"比起汴京的浴堂巷,临安澡堂在数量和质量上,有过之而无不及啊。"

"这倒是。临安人民喜欢享受,无论春夏秋冬,澡堂从不缺生意。"

刘郎君叹了口气:"古人常说,三天一洗头,五天一洗澡。但以前条件有限,没有公共澡堂,自家烧水费柴又费事,普通百姓根本承受不起。只有大户人家才有钱在家里建澡堂,享受沐浴带来的身心洁净感。"

"还是我朝人民幸福。如今澡堂普遍,价格低廉,普通人也能享受。这样的洗浴文化值得推广,即便过个几百年、上千年,后人也会感叹公共澡堂这一伟大发明的!"

"三郎说得有道理。好羡慕临安人,真的太懂生活了。"

"你老家应该也有公共澡堂吧?"

刘郎君点头:"有,不过都是百姓小本经营的澡堂,不像临安的香水行这么全面。我觉得在临安泡澡堂子不只是洗浴需求,更是休闲需求啊。"

赵二郎点头赞同:"刘郎说对了,我们临安府学的学生都很喜欢约在香水行。这也是一种别样的社交形式,就像去茶坊喝茶一样,和朋友聚会的同时身心也得到了享受。"

"说得太对了!"刘郎君不由得感叹,香水行真是个好地方!

小知识

1. 两宋时期,公共澡堂叫作香水行,《都城纪胜》记载:"又有异名者,如七宝谓之'骨董行',浴堂谓之'香水行'是也。"《梦梁录》也有记载:"做靴鞋者名双线行,开浴堂者名香水行。"

2. 宋人吴曾在《能改斋漫录》中提到:"今所在浴处,必挂壶于门,或不知其始。"当时的公共澡堂门口都会悬挂水壶,是非常醒目的标志。

3. 关于古人多久洗一次澡,《仪礼·聘礼》中有记载:"管人为客,三日具沐,五日具浴。"意思是,在接待客人时,让客人三天洗一次头,五天洗一次澡。

4. 南宋洪迈的志怪故事集《夷坚志补》中有这么一段:"宣和初,有官人参选,将诣吏部陈状,而起时太早,道上行人尚希,省门未开,姑往茶邸少憩,邸之中则浴堂也。"这段文字提到了北宋宣和年间,汴京的茶馆后面是澡堂,说明当时的人已经把喝茶和泡澡这两件休闲的事结合在了一起。

5. 北宋文学家黄庭坚在《宜州家乘》中写道:"十七日丙戌,晴。从元明浴于小南门石桥上民家浴室。"黄庭坚被贬到宜州(今广西境内)时,曾在民家经营的澡堂洗澡。从中可知,地方州县也有人经营公共澡堂。

没有沐浴露的年代，洗澡用啥

泡澡完毕，赵家兄弟和刘郎君在茶室谈笑品茗。今天搓完澡，大家都觉得身子仿佛轻了几斤，神清气爽，心情舒畅。

刘郎君说："怪不得古人认为洗澡是一个身心洁净的过程，出席重要仪式需得焚香沐浴，简直太有道理了！"

"那是因为澡堂是由寺庙的'浴室院'演变而来的。"赵二郎说，"佛教有沐浴身心的说法，讲究以澡浴去除七病，得七福报。所谓身心无垢，大概就是这个意思吧。"

赵三郎和刘郎君点头表示赞同。

自从佛教从印度传入中国，大小寺院中都配有浴室，供僧人沐浴洁身。苏轼被贬至黄州期间，写过一首五言律诗《安国寺浴》，记录了他在安国寺内浴室洗澡的事。由此可知，北宋时期寺庙的浴室也是可以对宾客开放的。

浴室从寺庙传出后，起初只有贵族和富裕家庭才有条件享用。最为人熟知的浴室莫过于骊山华清池——唐玄宗和杨贵妃的专属温泉。《旧唐书》载："玄宗每年十月幸华清宫，国忠姊妹五家扈从……灿烂芳馥于路。"

刘郎君想到了华清池,感慨说:"在我看来,我们在香水行泡澡的舒适程度可一点都不比杨贵妃在华清池差。当真是时代在发展,国家在进步,人民在享福!"

赵三郎笑着附和:"没错,在先秦时代,大家都是在室外洗澡的。就像孔圣人和他的弟子们,'浴乎沂,风乎舞雩',而且那个时候洗澡只能用清水。"

赵二郎纠正:"也不都是用清水,那时候的人会用潘汁洗澡,潘汁就是淘米水啦。当然,有钱有粮食的人家才有条件用潘汁沐浴,穷人还是用清水……"

"你这不是废话嘛,说了等于白说。"赵三郎问,"那后来呢,秦汉时期的人用什么洗澡?"

"皂角。"刘郎君抢答,"一直到魏晋南北朝,我们熟悉的澡豆才开始流行。"

"澡豆是个好东西,解决了洗不干净身上污垢的大难题。难怪到了隋唐时期,无论是贵族还是平民,都喜欢用澡豆沐浴。"

"比起澡豆,肯定还是我们的肥皂团更好用。"

"这是自然,你不是说了嘛,时代在发展,国家在进步,我朝的肥皂团肯定比南北朝的澡豆更好用啊。"

刘郎君提到的"肥皂团"跟现如今所说的肥皂还是有区别的,它是用皂荚粉做成的球状固体,里面还添加了多种香料。但"肥皂"一词在宋朝已经很普遍了,《武林旧事》中《小经纪(他处所无者)》一文提到过临安有专门做肥皂团生意的人。能在临安这样的大都市成为一门生意,肥皂团的需求量可想而知。

赵家兄弟和刘郎君意见一致,觉得肥皂团是最好的沐浴产品,也将它夸赞了一番。赵三郎又说:"洗澡有肥皂团,洁面有洗面水,在我朝生活的好处就是，人人都能做精致 boy！"

"除了你们说的这些，我朝官员在祭祀之前还能领到沐浴钱呢。"赵二郎说，"前阵子咱爸和咱爷爷就领到了，可把我羡慕坏了。"

"别羡慕，想当公务员领国家工资，你就要向大哥学习，努力考上大学，或者直接努力考科举。加油！"

"为了沐浴钱，我也得努力啊。谁让沐浴洗澡这么舒服呢。"

说到这里，大家哈哈一笑。这次澡堂之行实在太舒服了，过几天他们得再来泡一次。

小知识

1. 《论语·先进》："莫春者，春服既成，冠者五六人、童子六七人，浴乎沂，风乎舞雩，咏而归。"这段文字来自孔子和他学生的对话，"浴乎沂"指的是在沂水中洗澡沐浴。

2. 《礼记·内则》记载："五日则燂汤请浴，三日具沐。其间面垢，燂潘请靧；足垢燂汤请洗。"其中提到了用淘米水洗脸，"潘"就是淘米水。

3. 孙思邈的《千金翼方》记载："面脂手膏，衣香澡豆，士人贵胜，皆是所要。"孙思邈生活在隋唐时期，说明当时的人都用澡豆洗澡。澡豆是用豆粉混合香料或中药制成的，有多种不同的配方。

4. 早在北宋时期，街市上就有卖洗面水的，大酒楼中也有专门提供给客人的洗面水售卖。《东京梦华录》记载："亦间或有卖洗面水、煎点汤茶药者，直至天明。"

茶坊

宋朝人民会享受，京城遍地开茶坊

入夏之后，天气逐渐炎热。赵四娘子几天前接到了朋友的邀请，约她今天去西湖泛舟，说是某些湖区已经能看到盛放的荷花了。赵四娘子虽然怦然心动，但还是婉拒了，因为她事先答应了宋娘子，今天下午去宋大郎茶坊捧场。

宋大郎茶坊是宋娘子爸妈年轻时候开的店，作为历经两代人的"家族产业"，茶坊历史悠久，摆设也有些老旧了，为了能更好地招徕顾客，宋大郎不久前找人装修了一番。十几年前这家店叫宋四郎茶坊，因为宋娘子的爸爸在家中排行第四。现如今宋大郎当家，兼任掌柜和"茶博士"，所以简单粗暴地改了这么个店名。

注意，"茶博士"的"博士"二字跟现在的意思可不一样。在宋朝，茶博士是对在茶坊负责沏茶的工作人员的称呼，很多大型茶坊都会雇用专业的茶博士来为客人服务。宋大郎的茶坊不大，平时又有爸爸妈妈和妹妹帮忙，因此他没有雇茶博士，亲自上阵还能省一笔不少的工钱。

吃完中饭，赵四娘子挑了个花瓶当礼物，和哥哥们一起去了宋大郎茶坊。

轿子在茶坊门口停下,撩开帘子出来后,赵四娘子就被惊艳到了。不愧是特地花了钱装修的,现在的茶坊比以前好看太多了。大门口的架子上摆着许多漂亮的鲜花和盆景,从街上走过就能看见,非常夺人眼球。难怪今天生意这么好!

宋大郎正在给客人沏茶,看见赵家兄妹来了,立刻放下茶壶,热情地出门相迎。

赵四娘子把花瓶和鲜花交给宋大郎:"祝表哥生意兴隆,财源滚滚,一夜暴富!"

"居然还有礼物收,谢谢四娘子啦。"

赵二郎和赵三郎也赶紧奉上礼物。赵二郎说:"上次你说要在茶坊挂字画装饰,这几幅是我画的风景图,你看看有没有合适的。"

"表哥的画名动临安城,很多人想买都买不到呢,怎么会不合适!"宋大郎很开心,"挂上你画的画,我们茶坊的档次都跟着提高了。"

赵四娘子又拿了一包茶叶交给宋大郎:"我大哥在太学上学,没法出来。这是他之前准备的茶叶,就当是送你的新店开业礼啦。"

"大表哥一向爱茶,他挑的一定是极好的茶叶。有了你们送的字画、鲜花和茶叶,茶坊生意肯定会越来越好的。"

宋娘子招呼完客人,带着赵家兄妹上了二楼。二楼窗边的位置能看到西湖,是店里最受欢迎的观景位,她特地给表哥表妹预留的。

大家入座后,宋大郎端了几盘点心,又用店里最好的茶叶给大家表演了一次当时流行的"点茶"。配茶的点心有蜜麻酥、澄沙团子、甘露饼,都是宋娘子亲手做的。赵四娘子直呼好吃,夸表姐厨艺进步很大。

宋娘子说:"没办法呀,临安的茶坊太多了,卷得很!不弄点新花样估计很快就会被淘汰。"

赵三郎附议:"我朝百姓有爱喝茶的传统,以前汴京就有很多茶坊,如今的临安有增无减,竞争确实相当激烈呀!"

如赵三郎所说,宋朝人爱喝茶,点茶和焚香、挂画、插花一并成为当时文人最爱的四件事,有"烧香点茶、挂画插花,四般闲事,不宜累家"的说法。旧都城汴京昔日开满了大大小小的茶坊,如《东京梦华录》中记载:"(朱雀门外街巷)以南东、西两教坊,余皆居民或茶坊。"《梦粱录》中也有提到临安"处处各有茶坊、酒肆、面店"。

正因为茶坊的流行,很多文学作品中都能看到其身影,《清明上河图》就不用说了,《水浒传》里大名鼎鼎的王婆,就是撮合潘金莲

〔南宋〕刘松年《撵茶图》

〔南宋〕刘松年《茗园赌市图》

和西门庆的那位,她名义上的营生就是开茶坊。书中介绍说,王婆是武大郎的邻居,山东阳谷县人。这从侧面反映出茶坊在地方州县也是普遍存在的。

虽然茶坊行业竞争如此激烈,但赵四娘子对宋大郎寄予厚望:"你们家茶坊地理位置好,能观景。而且茶汤好喝,点心好吃,生意肯定会越来越好的。"

"借你吉言。"

"对了,除了茶汤和小吃,你们茶坊还卖什么呀?"

"分冬天和夏天两份菜单。冬天的菜单主打七宝擂茶、馓子、葱茶和盐豉汤,夏天主打雪泡梅花酒、缩脾饮等清凉解暑的药饮。"

赵二郎说:"好像大部分茶坊都用这两份菜单,你们可以研究几种特色饮品,一旦有了明星产品,客人就会源源不断的。"

"是的,得做特色!"赵四娘子说,"听我奶奶说,以前汴京有专门接待女孩子的茶坊,叫北山子茶坊,里面有仙洞、仙桥,可好看了。整个汴京的年轻女孩都喜欢去打卡,到了晚上茶坊依旧灯火通明,人流不断。你们务努力,把宋大郎茶坊做成北山子茶坊这样的网红店吧,加油!"

宋大郎受到了启发,表示一定努力!

注:关于宋朝人具体的喝茶方式,如点茶、茶百戏等,详见系列作品《挑战古人100天》中的《喝茶篇》。

📖 小知识

1. 《梦粱录》中提到临安茶坊的普遍装饰:"今之茶肆,列花架,安顿奇松异桧等物于其上,装饰店面,敲打响盏歌卖,止用瓷盏漆托供卖,则无银盂物也。"

2. 北宋汴京城内有一家有名的专门接待女子的北山子茶坊,见《东京梦华录》:"又投东,则旧曹门街,北山子茶坊,内有仙洞、仙桥,仕女往往夜游,吃茶于彼。"

3. 《梦粱录》记载:"四时卖奇茶异汤,冬月添卖七宝擂茶、馓子、葱茶,或卖盐豉汤,暑天添卖雪泡梅花酒,或缩脾饮暑药之属。"这段文字记录了临安茶坊售卖的饮品,从中也能看出冬天和夏天的菜单是有区别的。
4. 南宋著名画家刘松年的《撵茶图》画了一群人撵茶、煮茶、点茶的场景。此外,刘松年的另一幅画《茗园赌市图》是现存最早的以民间百姓斗茶为主题的风俗画。

南宋茶坊有多卷？从店名开始

下午茶结束，宋娘子带着赵四娘子一行人在西湖边散步。

西湖不愧是杭州首屈一指的景区，四周茶坊遍布。赵四娘子走马观花地一瞥，就看见了十几家风格各异的茶坊，其中有一些名字取得甚是新奇，让人忍不住想多看几眼。

赵三郎见妹妹好奇心旺盛，给她解释："临安的茶坊分好几种，有的通过名字和装修就能分辨出来。比如你刚才经过的布置非常高档的那一家，是富家子弟聚会的场所，在那儿可以学习各类乐器，交流艺术，这种茶坊叫作挂牌儿。"

赵四娘子恍然大悟，说："是我没见识，原来茶坊行业这么卷呢！还有哪几种茶坊？一并给我科普科普呗。"

"那可就多了，比如你二哥最喜欢的说书茶坊。店老板为了招揽生意，会雇用说书人在茶坊常驻。中瓦内的王妈妈开了一家很火的说书茶坊，名为一窟鬼茶坊。"

"这个我知道，一听名字就是说《西山一窟鬼》话本故事的。"

"再比如你大哥喜欢的清雅主题茶坊，那是供士大夫和文人品茗聚会的。"赵三郎想了想，补充，"张卖面店隔壁的黄尖嘴蹴球茶坊，听名字你应该能猜到,是球迷们聚会的地方。那些被称作'市头'的茶坊,是各行各业领头人聚会的地方。除了这些,还有一种人情茶坊,不靠卖茶赚钱,而是给有需要的人提供一个休闲场所。"

宋娘子打趣说:"大表哥喜欢清雅茶坊,二表哥喜欢说书茶坊,那三表哥你……该不会喜欢博易茶坊吧?"

赵三郎赶紧反驳:"瞎说啊,我才不喜欢赌呢!"

也难怪赵三郎这么急着撇清,宋娘子说的这类博易茶坊是为了设赌局而存在的,名为茶坊,实则为赌场,赵家父母可是最反对子女赌钱的。

赵四娘子听得发笑:"我懂了,原来茶坊也有做捞偏门生意的啊。"

"博易茶坊都不算什么,那些做皮肉生意的花茶坊才是正人君子最该远离的地方。"赵二郎说,"花茶坊虽然也叫茶坊,但楼上都住着妓女,主营什么你们懂的……"

赵三郎点头:"这题我会,比如市西坊南潘节干、俞七郎茶坊,还有朱骷髅茶坊、郭四郎茶坊等。这些花茶坊都是上了我爸妈黑名单的,敢去这些地方,怕是要被打断腿。"

宋娘子和赵四娘子都掩嘴偷笑。

除了茶坊,南宋时期的杭州还有很多流动茶摊,专供收入低的平民喝茶。夜市上也有卖茶的车担子,为来往的游人点茶汤。茶文化在两宋有多盛行,从茶坊和茶摊的数量上就可窥见一二。

对于哥哥们这一番"茶坊大百科",赵四娘子表示开了眼界。她之前并不知道,原来茶坊不只卖茶这么简单,居然分这么多经营种类,卷的形式可谓五花八门,甚至连店名都卷!相比之下,宋家这种主卖饮食点心的茶坊就略显普通了,得保证饮食质量,努力提高竞争力才是。

宋娘子说:"你们刚说的这些茶坊价格都不便宜呢,我们家的优势在于足够亲民,普通百姓也消费得起。而且我们家茶坊在西湖边,兼做租船生意。很多客人喝完下午茶,会顺便租个船去西湖泛舟。"

"你们这个附加业务好,绝对有市场需求。"

"我们是祖传老店,茶品点心保质保量,老客户都很信赖。重新装修营业后,生意比以前好了不少呢!"提到自家茶坊的生意,宋娘子一脸骄傲。老店嘛,当然是口碑最重要!

太阳渐渐下山,再过一会儿就能看到西湖著名的景观"雷峰夕照"了。在赵四娘子的提议下,大家带上了宋娘子做的点心,泛舟湖上,边吃边欣赏夕阳美景。

夏日里最幸福的事,莫过于此。

📖 小知识

1. 上文提到的一窟鬼茶坊、黄尖嘴蹴球茶坊、俞七郎茶坊、朱骷髅茶坊等,均出自《梦粱录》。

2. 《西山一窟鬼》是宋朝民间流传的话本故事,明朝文学家冯梦龙曾将其编入短篇小说集《警世通言》中,即《一窟鬼癞道人除怪》。

3. 自北宋起,博易类的茶坊就屡见不鲜,见《东京梦华录》:"又东十字大街,曰从行裹角,茶坊每五更点灯,博易买卖衣服、图画、花环、领抹之类,至晓即散,谓之'鬼市子'。"

4. 《武林旧事》记载:"外此诸处茶肆,清乐茶坊、八仙茶坊、珠子茶坊、潘家茶坊、连三茶坊、连二茶坊及金波桥等两河以至瓦舍,各有等差,莫不靓妆迎门,争妍卖笑,朝歌暮弦,摇荡心目。"上述以歌女卖笑为营生的茶坊,也属于花茶坊一类。

酒楼食店

官办酒楼和民办酒楼有什么区别

赵三郎从妹妹那儿得知,宋娘子要定亲了,媒人给说的对象是在清河坊开酒肆的高二郎。这位高二郎是宋大郎茶坊的常客,跟宋娘子见过几次面,俩人对对方都有好感,因此这桩亲事很容易就定下来了。

表妹的终身大事妥了,赵三郎很高兴,他和宋大郎商量了一番,准备请未来妹夫吃个饭。迟早是亲戚,先熟悉一下总是没错的。

作为官宦人家的公子哥儿,赵三郎请客当然要找个气派的酒楼。他毫不吝啬地预订了民办酒楼中的翘楚——熙春楼。平日里爸妈不允许他乱花钱,他很少去这么贵的地方消费。借着庆祝表妹订婚一事,他也顺便享受享受。

有民办酒楼自然就有官办酒楼,那么,在南宋时期的临安城,这二者之间有什么区别呢?

官办酒楼隶属于点检所。点检所是朝廷管理各大酒库的机构,由户部管辖,是实打实的国企。这也就意味着,当时的酿酒权由朝廷掌控,民间是不允许私自酿酒的,再大的酒楼都不行。官办酒楼是点检所的酒库,自然是可以酿酒的。民办酒楼要做酒水生意,得去指定的地方批发。跟北宋相比,南宋的酿酒制度更加严格。

《武林旧事》中提到,临安城内的官办酒楼有和乐楼、和丰楼、中和楼等十几家,而熙春楼、三元楼、五间楼、赏心楼等则是比较高档的民办酒楼。

赵三郎准时抵达熙春楼,宋大郎和高二郎已经在门口等候了。

宋大郎仰着头打量酒楼的彩楼欢门,看见赵三郎,他兴奋地说:"表弟,你选的这个地方好气派啊。以前我只听说过熙春楼,还没来过呢。这里消费应该不低吧,让你破费了。"

"没事,今天高兴,难得的好日子。"

高二郎也跟着道谢:"那就谢谢三郎了。"

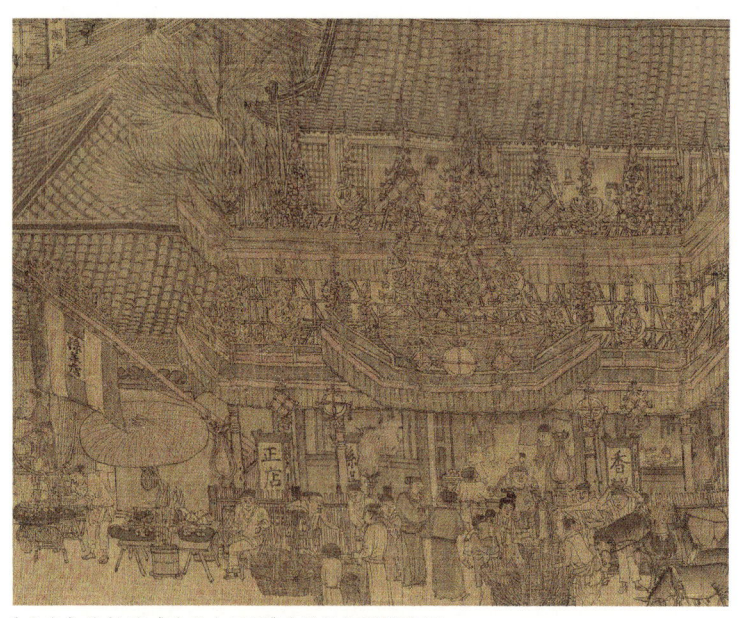

〔北宋〕张择端《清明上河图》(局部) **彩楼欢门**

彩楼欢门是宋朝酒店茶楼的一种装饰,用竹子搭建而成,《清明上河图》中的孙羊正店门口就搭建着高大的彩楼欢门。

熙春楼的彩楼欢门比一般酒店的更气派,竹架上垂着红色的帘幕,还挂着一盏盏造型各异的金红纱栀子灯。到了晚上灯一亮,那炫目的场景,想想都觉得华丽。

酒楼的服务员认识赵三郎,见他带着朋友来了,赶紧带他们去预订好的包间。

一路走来,高二郎和宋大郎饶有兴致地观察着四周。酒楼环境宽敞优雅,楼与楼之间的庭院中长着茂盛的花木。此刻正是晚餐时间,大堂内宾客满座,热闹非凡。

最吸引人注目的要数楼上陪客人喝酒的名妓们了,她们穿着色彩鲜艳的衣服,头上插着茉莉花,巧笑嫣然。高二郎听说过,但凡大型的民办酒楼,一般都会养十几位名妓,以招揽生意。

到了包间,高二郎发现,这里的酒器都是银制的,华贵又奢侈。他不禁感叹:"和我家的小酒肆相比,这熙春楼简直就是天堂的样子啊。"

"二郎不要妄自菲薄。"赵三郎说,"临安城有百万人口,绝大部分都是平民百姓。能让百姓安心消费的地方才称得上是民生之本。你们家的酒肆就是!"

宋大郎附议:"表哥说得对,人外有人天外有天,不能这样比。要真这么说,熙春楼虽然华贵,但丰乐楼更奢靡。"

丰乐楼是南宋官办酒楼中的一座,据说是仿照北宋汴京最有名的酒楼樊楼而建。临安的丰乐楼与其说是酒楼,不如说更像是一座大型园林,里面修有亭台楼阁,栽种着奇花异草,每年春天都有无数游人前往赏春。

赵三郎笑着说:"听说丰乐楼不仅奢靡,里面的官妓也更加貌美呢。去消费的客人必须花足够的钱登楼,才有'点花牌'的资格。而那些名气大的官妓平时根本不出来,想见一面都很难。"

"表弟啊,听你这意思,你好像见过?"宋大郎开玩笑。

赵三郎干咳两声,解释:"没有没有,都是听说的,道听途说罢了。我们别聊了,赶紧点酒菜吧。"

注:关于北宋汴京樊楼等酒楼的详细情况,详见系列作品《挑战古人100天》中的《酒楼篇》。

📖 **小知识**

1. 《武林旧事》记载:"和乐楼(升旸宫南库)、和丰楼(武林园南上库)……已上并官库,属户部点检所。每库设官妓数十人,各有金银酒器千两,以供饮客之用。"大致意思是,和乐楼等官办酒楼隶属点检所,每座酒楼中有数十位官妓,供客人使用的金银酒器也有许多。

2. 五代时期,后周皇帝郭威游幸汴京,酒楼茶肆纷纷布置彩楼欢门迎接。这种形式受到了百姓的喜爱,便保留了下来,成为宋朝的习俗。见《梦粱录》:"如酒肆门首,排设权子及栀子灯等,盖因五代时郭高祖游幸汴京,茶楼酒肆俱如此装饰,故至今店家仿效成俗也。"

3. 文中提到的丰乐楼繁盛景象,见《武林旧事》:"(丰乐楼)旧为'众乐亭',又改'耸翠楼',政和中改今名……又甃月池,立秋千,梭门,植花木,构数亭,春时游人繁盛。"

哪些店只卖酒，哪些店能吃饭

自那日在熙春楼吃过饭，高二郎就一直想邀请赵三郎来自家的酒肆坐坐。他们家开的这间酒肆虽然小，但物美价廉，食物可口，是清河坊口碑很好的店。

这一天，赵三郎应邀带着妹妹去了高二郎的店里，发现店名和"宋大郎茶馆"一样简单粗暴，叫高家酒肆。

高二郎热情地迎接赵家兄妹："店比较简陋，感谢你们赏光哈。"

"这哪里简陋了，明明很宽敞，还有二楼呢。"赵三郎说，"你们家生意也很好啊。"

"小本买卖，来这儿吃饭喝酒的都是平民百姓。我们的菜定价不高，主要走量。"

赵四娘子往里打量了几眼，见厅堂内人来人往，充满了人间烟火气息。她虽然不常出门吃饭，但也知道这些酒肆中跑腿打杂的人叫作"大伯"，伺候客人外加帮他们跑腿买东西的人叫"闲汉"，唱曲儿和兜售果子香药的人叫"厮波"……

上面提到的这些人，大多是生活贫困的百姓，他们在酒肆中靠出卖劳力赚点小钱。酒肆对这些情况也是默许的，他们跟客人恰好各取所需。这种现象在南宋和北宋都非常普遍，是两宋酒楼文化的组成部分。

高二郎带赵家兄妹入座，亲自拿菜单给他们点餐。过了没多久，宋大郎和宋娘子也到了。赵四娘子跟表姐好几天没见，甚是想念，二人去一边坐着说起了悄悄话。

趁着还没上菜，男士们也开始闲聊。赵三郎让高二郎介绍一下酒肆周边的情况，他对这种人气旺的地方很感兴趣。

"这一带有很多这样的小型酒店，除了酒肆，还有面食店、熟食店、素食店等等，种类很多。有一种包子酒店，卖各种包子小吃，比如灌浆馒头、薄皮春茧包子、虾肉包子、鱼兜杂合粉……"高二郎耐心给大家科普，"还有一种肥羊酒店，卖软羊、大骨龟背、烂蒸大片、羊杂煨四软、羊撺四件等。"

宋大郎咽了咽口水："我正饿呢，你再报几个菜名，我肚子该叫了啊。"

众人哈哈大笑。

赵三郎问："听说有一些店只卖酒，不卖餐食。"

"你说的那种叫作角球店，只零散卖酒，价格也不高。"

赵四娘子和宋娘子聊完小女儿家的悄悄话，加入了讨论。赵四娘子问："除了以上这些，还有没有其他酒店呀？"

高二郎想了想，说："还真有不少。比如那种门面装饰得像官员家宅院的酒店，叫作宅子酒店；仿照学馆装修，院子里有树和浴池的，叫作花园酒店；不卖本地官酒而打折卖外地酒的，叫散酒店……"

"这么多呢，长知识了！"

高二郎干咳一声，补充说："还有一种酒店，你们姑娘家不太方便听。"

"没什么不方便的,你说说看。"

"就是那种专门喝花酒的地方……叫庵酒店。"

本以为赵四娘子会尴尬,没想到她毫不在意地说:"这算啥啊,我还知道那些大酒楼里有好多漂亮的名妓呢。我朝酒楼文化而已,没啥不好意思的。"

赵三郎笑着说:"四妹也不是小孩子了,该懂的都懂,大家别拘束,哈哈。"

宋大郎说:"没想到大酒楼和小酒肆之间有这么多差别,也是一门学问呢。"

"临安经济繁荣,大酒楼、小酒肆,还有那些被称作'拍户'的酒店食店比比皆是。我觉得,只卖便宜套餐的小食店才是最有必要存在的。临安人口百万,大多数百姓都不富裕,他们想在这里生活下去,必须节衣缩食,干最累的活,吃最便宜的饭菜。他们都太不容易了,希望这些物美价廉的食店能多开一些,一直开下去。"

听了高二郎这番话,大家都若有所思。赵四娘子觉得,宋娘子没有找错人,她这位未来表姐夫还真是个心中有大爱的人呢!

📖 小知识

1. 文中提到的各类酒店,如花园酒店、包子酒店、肥羊酒店、宅子酒店,均出自《都城纪胜》和《梦粱录》。

2. 《都城纪胜》记载:"除官库、子库、脚店之外,其余皆谓之'拍户',有茶饭店,谓兼卖食次下酒是也。"意思是,除了官办酒楼和子库、脚店之外,其他的小酒店都叫"拍户"。

3. 南宋临安城内的酒楼和食店，大多效仿汴京的经营模式，见《梦粱录》："杭城食店，多是效学京师人，开张亦效御厨体式，贵官家品件。凡点索茶食，大要及时。如欲速饱，先重后轻。"

4. 文中提到的服务于下层百姓，卖便宜饭菜的食店，见《梦粱录》："又有卖菜羹饭店，兼卖煎豆腐、煎鱼、煎鲞、烧菜、煎茄子，此等店肆乃下等人求食粗饱，往而市之矣。"

迎酒仪式

南宋人的仪式感，酿酒卖酒都要举办仪式

赵四娘子明天要去朋友家做客，她准备了几样礼物，又吩咐婢女把她珍藏的"十洲春"找出来，一并带去。那坛十洲春是去年春天宋大郎送来的，说是存放有好些年头了，这样的陈年老酒市面上买不到。既然是好酒，当然要跟好朋友一起喝。

婢女把酒坛搬了出来，坛子上工工整整地写着酒名：十洲春。赵四娘子凑近坛口闻了闻，隐约能闻到一股奇妙的香味。她很满意，心想朋友一定喜欢。

赵三郎过来找妹妹，见她捧着酒坛子，来了兴致："哟，这是准备喝酒呢？喝酒怎么能少得了我，一起啊！"

赵四娘子推开赵三郎放在酒坛子上的手："不许喝，这是我去别人家做客要带的。"

"小气死你算了，一坛酒而已。二哥那儿好酒多的是，回头我问他要来喝。"

"他有很多藏酒？我怎么不知道。"

"多着呢,我上次看见有银光、琼花露、蓝桥风月、紫金泉、浮玉春,还有出自皇家酒库的蔷薇露。"

赵四娘子非常惊讶:"他哪来这么多酒?居然还有皇家酒库的珍品!"

"我们有个同学的哥哥在点检所上班,每年新酒什么时候上市,哪家酒库酿的酒品质最好,他一清二楚。想买好酒找他准没错!"

"怪不得呢!"赵四娘子恍然大悟,"之前你跟我说过,点检所是管理酒库的机构对吧。"

赵三郎点点头,继续给妹妹科普:"我们临安城内一共有十三座酒库,每年清明节之前,各大酒库就得准备酿酒了,叫'开煮'。到了中秋节,新酒按时上市售卖,叫'迎煮',很多有钱人家会在这个时候囤上一大批酒,留着过年喝。"

"之前听二哥说过,每年酒库开煮都有庆祝仪式,新酒出炉的时候更加热闹,还有仪仗队巡街呢。"

"我来找你就是为了这事。今年的新酒马上要上市了,过几天就是迎煮仪式,有没有兴趣去现场围观呀?"

"你消息这么灵通?"

"我同学说的,一手消息!"赵三郎很骄傲,"迎煮仪式十天前,各大酒库就会把样酒呈给点检所,点检所查验之后,又会在仪式五天前向所属官府呈送样酒。我听说点检所昨天把样酒呈上去了,掐指一算,再过四天就是迎煮仪式。"

赵四娘子心向往之:"开煮仪式我错过了,迎煮仪式可不能再错过。我准备准备,改天你们带我去开开眼界。"

"没问题,那这酒……"

"一码归一码,这酒还是不能给你喝,留着明天做客用。"

"小气鬼！不稀罕，新酒上市我自己买去。"赵三郎哼唧一声，出门去了。

赵四娘子在后面大声喊他："迎煮仪式在哪里举行啊？"

"州府教场。"

赵四娘子去过州府教场，那儿离宋娘子家的茶坊不远，到时可以叫她一起。宋娘子去年围观过迎煮仪式，据她所说，仪式现场有一块三丈高的白布，上面写着"某库选到有名高手酒匠，酿造一色上等辣无比高酒，呈中第一"，这块白布叫"布牌"。仪式一开始，布牌会被挂起来，三五个壮汉扶着布牌在前面走，后面跟着一大群仪仗队，队伍中有打鼓的、表演的、卖吃食的，还有车队、乐队……

哇哦，想想都精彩。赵四娘子无比期待。

📖 小知识

1. 十洲春、银光、蓝桥风月、琼花露等均是南宋时期的酒，在《武林旧事》卷六的《诸色酒名》一文中有记载。
2. 《梦粱录》记载："临安府点检所，管城内外诸酒库，每岁清明前开煮，中前卖新迎年。"意思是，城内外的酒库每年清明前开始酿酒，中秋前卖新酒，以迎新年。
3. 点检所在杭州城内设有十三所酒库，见《武林旧事》："户部点检所十三酒库，例于四月初开煮，九月初开清，先至提领所呈样品尝，然后迎引至诸所隶官府而散。"

新酒上市，一场全城巡游的发布会

迎煮仪式当天，赵四娘子和她的哥哥们一大早就来到了西湖边的教场。她自认为起得很早，可当她抵达时，却发现教场早已人满为患，人声鼎沸，人山人海……

"我的天，这些人都不睡觉的吗！他们是几点起来的？"赵四娘子发出惊呼。

赵三郎吐槽："谁让你不早点出门，磨磨蹭蹭的。今天你打扮得再好看也没用，没人会看你。"

"为什么？"

"过会儿你就知道了。"赵三郎嘿嘿一笑。

赵四娘子懒得理他。她朝人群中张望，好不容易才找到了宋娘子。宋娘子和宋大郎在一起，她发现赵四娘子在看她，拼命挥手。几个年轻人终于集合到一处，闲聊了会儿，一起等待迎煮仪式开始。

赵四娘子说："没想到新酒上市的发布会这么盛大。"

"官方活动嘛。而且今年的人比去年还多，听说是因为研发出了新品。"

听到"新品"二字，赵二郎眼前一亮。除了画画，他最大的爱好就是喝酒了。他的理想是有朝一日能周游全国，喝遍天下美酒。

赵二郎正在遐想，忽然听见人群中有人喊了句"开始了"。

紧接着，锣鼓喧天，仪仗队准备出发了。走在最前面的是扛着布牌的几个大汉，紧随其后的是打鼓和奏乐的人，然后是一群挑着担子的人，担子里放着的是各大酒库呈上的样酒。酒担子队伍后面跟着一群打扮得奇奇怪怪的人，正是赵四娘子最感兴趣的表演队，其中有八仙道人、杂剧百戏、渔父、竹马等等。

除了挑样酒担子和表演的人，队伍里还有挑着各类担子的行社队，比如活鱼、糕点、面食，以及……赌博队伍。

赵四娘子看得目瞪口呆。这是她第一次亲眼看到这么鱼龙混杂的巡游队，真是百闻不如一见。看得出来，官方为了推广新酒，在营销宣传方面狠狠下了番功夫。

一旁的赵三郎发出赞叹声："这热闹劲儿，一点都不比过年逊色，感觉全临安城的人都来了。"

"哥，那些是什么人？"赵四娘子指了指队伍中后方，那是一群打扮得花枝招展的女人，个个都长得很漂亮。

赵三郎偷笑，说："刚才不就跟你说了嘛，今天不会有人看你的。那些是临安城里的官妓和私妓，新酒发布会这么重要的日子，她们当然要来帮忙宣传啊。"

"那怎么还穿着队服呢？"

"那不是队服。按照迎煮仪式的习俗，妓女们要分三种装束出席，都是有讲究的。"

赵四娘子观察了会儿，只见：最前面骑马的妓女们头戴华丽的冠子，穿着花衫；走在中间的戴着珠翠朵玉冠，穿着销金衫儿，手里拿着花斗鼓和龙阮琴瑟；走在后面的十几位则穿着红色的衣裙，梳着皂时髦。

"她们都好漂亮。"赵四娘子由衷夸奖,"有她们在,这个仪仗队的颜值瞬间提高了。"

"那可不!今天她们都是盛装打扮出席的,谁家里要是没有好看的衣服,借也会借来穿。毕竟她们是仪仗队的门面,打扮得越漂亮,越能吸引路人,广告效果也就越好。"

"不知道是谁做的宣传方案,销售鬼才啊!"

仪仗队在鼓乐声和喧闹声中前行,不一会儿就到了赵四娘子跟前。她看见妓女们后面是一群骑马的男人,个个穿着紫色的衣衫,戴着崭新的头巾。宋娘子见她面带疑惑,解释说:"这些是负责点评新酒的专家。哪家酒库酿的酒质量好,哪家的不合格,都得由他们评选。"

"原来如此,怪不得这么有派头。"

随着仪仗队越走越远,百姓也跟着流动,教场的人逐渐减少。赵四娘子问哥哥:"仪仗队这是要往哪儿去呀?"

"绕着临安城走一圈。你都说这是大型新品发布会了,必须宣传到位啊。"

"什么?走完全程我会累死的……"

"一会儿你要是累了,我们找个茶肆歇着就是了。凑热闹而已,没必要跟完全程。"赵大郎安慰妹妹,"走吧,你看前面有人在劝酒送点心呢。"

说着,大家都跟了上去。赵四娘子心想,临安城已经很久没这么热闹了,上一次见这么多人上街还是天子游湖的时候。

📖 小知识

1. 关于迎煮仪式当天的盛况,《武林旧事》中有记载:"杂剧百戏诸艺之外,又为渔父习闲、竹马出猎、八仙故事。及命妓家女使裹头花巾为酒家保,及有花窠、五熟盘架、放生笼养等,各库争为新好。"

2. 迎新酒当日,妓女们哪怕再贫困都会借衣服盛装出席,否则会受到责罚。《梦粱录》记载:"虽贫贱泼妓,亦须借备衣装首饰,或托人雇赁,以供一时之用,否则责罚而再办。"

3. 参加迎酒仪式的官妓和私妓分三种装束,原文见《都城纪胜》:"各用妓女,乘骑作三等装束:一等特髻大衣者;二等冠子裙背者;三等冠子衫子裆袴者。"

钱塘观潮

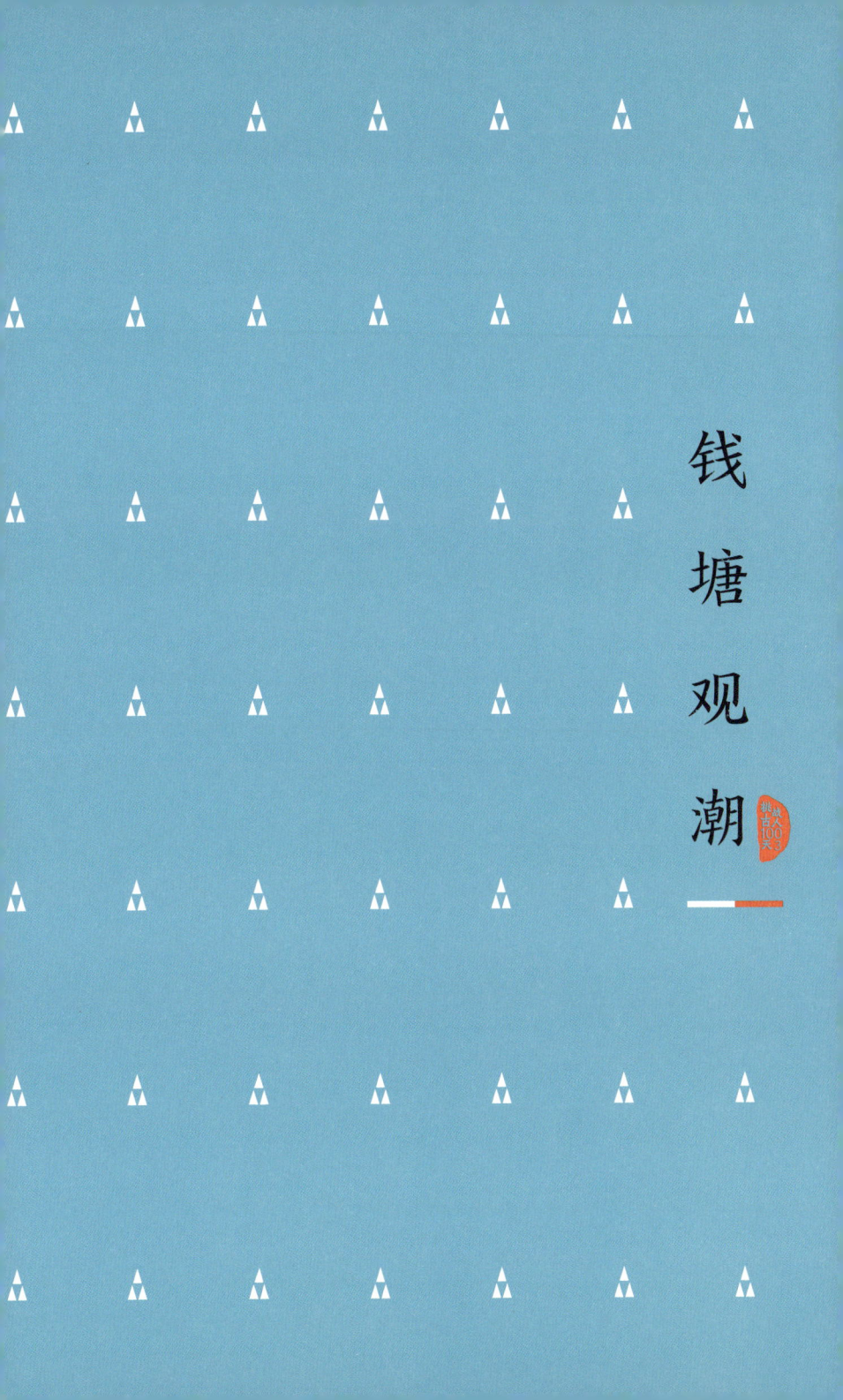

中秋不只赏月，观潮更戳临安人

中秋节落幕，临安城里的节日气氛却没有退去。临安人热爱生活，过节不只节日当天有庆祝仪式，前后好一阵子都是热热闹闹的。而对于赵四娘子来说，中秋之后还有好几件值得高兴的事：比如说，宋娘子定了亲，过完重阳就要办婚礼了；再比如说，赵三郎答应她，八月十八带她去钱塘江边观潮。

在临安，去钱塘江观潮是不亚于过中秋的一件大事。赵四娘子听爷爷说，古人奉春秋时的伍子胥为潮神，每年八月十八是潮神的生日，有祭祀活动。如今的观潮和弄潮习俗，就是源自古时候祭祀潮神。

"钱塘江的潮水是天下最雄伟的景观之一，中秋前后在钱塘江边，能看见潮水像千军万马一样奔腾而来。这样的景象，只要见过一次，一辈子都忘不掉。"赵爷爷是这样说的。

赵四娘子心里猫抓一样，还没到八月十八，她就望眼欲穿了。由于观潮活动有一定风险性，她又是年纪尚小的闺中女子，所以以前爸妈不允许她去现场看。每次她的哥哥们观潮回来，兴致勃勃地讨论潮水有多壮观时，她只能假装不在意，暗自羡慕。而这次她终于能亲临现场,近距离感受雄伟壮观的钱塘潮了!

好不容易熬到了八月十八日这一天,赵四娘子大清早就起床了。她让婢女给自己梳了一个美美的发型,又挑了一套颜色艳丽的衣裙。她从屋子里走出来的时候,赵二郎和赵三郎先是惊讶,然后哈哈大笑。

赵二郎问她:"我们是去观潮,又不是去走秀,你打扮得这么隆

〔南宋〕李嵩《月夜看潮图》

重干吗?"

"这是我第一次去观潮,当然要有仪式感。而且我还有一个想法。"赵四娘子狡黠一笑,"二哥你不是擅长画画嘛,我穿着这身站在江边,你以钱塘江潮水为背景,给我画一幅《佳人钱塘观潮图》吧。"

赵三郎差点没笑喷,他取笑说:"很多画家都画过观潮主题的画,你去街市上买一幅,然后给自己画个肖像,剪下来贴上去不就完了吗!"

赵四娘子假装生气,上前两步要去打他。赵二郎赶紧拉住他们:"别闹了,我们早点出门吧,不然一会儿到江边都没下脚的地方了。"

赵四娘子这才罢手,她问赵二郎:"我昨晚看了几篇古人写的观潮文章,有提到那些艺高人胆大的'弄潮儿',感觉又惊险又刺激。"

赵四娘子说得没错,这群弄潮儿不仅艺高人胆大,而且简直就是不惜性命。他们百十个人为一群,有的拿着彩旗,有的拿着红绿颜色的伞,在潮水向岸边涌来之际,于水上作弄潮之戏,意为"迎接潮神伍子胥的亡魂"。这些人的水性一般都很好,运气好的话可以毫发无损,全身而退。但运气不好被卷入潮水的人也不在少数。

赵二郎听了,若有所思。他说:"你说的那些弄潮儿我也没见过,确切地说,治平年间以后就很少见了。"

"为什么呀?"

"治平年间,蔡襄蔡大人任杭州知州,他是一位关心百姓的好官。据说蔡大人见每年都有弄潮儿白白送命,于心不忍,写了一篇反对弄潮风气的文章。从那以后,官府就明文禁止弄潮了。"

"原来如此。所以现在没有人敢弄潮了吧?"

"也不完全是,总有一些不要命的人,唉。"

赵三郎听了他们的对话,打岔说:"总之我们一定要远离潮水,珍惜生命，文明观潮！尤其是你啊妹妹，你必须寸步不离地跟着我。我可是跟爸爸妈妈爷爷奶奶约法三章了的，要保证你的绝对安全。"

"你放心，我这么惜命的人，绝对老实。走吧，观潮去咯！"

潮水虽然壮观，但也比不上生命重要。文明观潮，从她赵四娘子做起。

📖 小知识

1. 钱塘观潮历史悠久，在汉朝就已流行。东晋画家顾恺之曾作《观涛赋》，其中有文字这样描述钱塘江潮水："临浙江以北眷，壮沧海之宏流。水无涯而合岸，山孤映而若浮。"

2. 关于钱塘观潮习俗的由来，《咸淳临安志》记载："吴王赐伍子胥死，乃取其尸盛以鸱夷之革，浮之江中。子胥因随流扬波，依潮来往，荡激堤岸……每仲秋既望，潮怒特甚，杭人执旗泅水上以迓子胥，弄潮之戏盖始于此。"

3. 南宋画家李嵩的《钱塘观潮图》画的就是钱塘江涨潮时的景象。此外，李嵩还有一幅《月夜看潮图》，画的是中秋节夜晚在楼阁中观潮的情形。

4. 北宋英宗治平二年，蔡襄出任杭州知州，出于对观潮者的安全考虑，蔡襄作《戒约弄潮文》一文。文中提到"厥有善泅之徒，竞作弄潮之戏……所有今年观潮，并依常例，其军人百姓，辄敢弄潮，必行科罚"。自那以后，官府禁止弄潮之风。

观潮不只看潮水,阅兵仪式更震撼

和赵四娘子想象中的一样,钱塘江边人山人海,大家特地赶在了八月十八这一天来观潮。虽然中秋这几天都是涨潮的日子,但每年八月十八人流量会达到顶峰。江岸南北十余里,几乎没有空地,放眼望去全是衣着华丽的看客。

赵四娘子发现游人们似乎很在意这个日子,一个个都打扮得非常隆重。路边还有小商贩出租帐子,可供游客休息使用。赵四娘子本想让哥哥租一个,但赵三郎用一句话就打消了她的念头。他说:"想都别想了,这里人群拥挤,有个视线好的地方站着就不错了,根本没地方支帐子。"

"也对,那算了。"赵四娘子泄气。

除了出租帐子的,周围还有很多摆摊做生意的人,卖茶水的、卖点心的,应有尽有。赵四娘子担心过会儿肚子饿,让婢女去买点吃的。

婢女买回来之后,吐槽说:"天啦噜,姑娘,你都不知道今天的东西有多贵,是平时的五六倍不止!"

赵四娘子目瞪口呆。怪她没经验,低估了游客的消费能力。早知道这样,她应该从家里带些吃的出来。算了,买都买了,明年一定长个记性。

赵三郎呼唤赵四娘子:"别在那儿站着,快过来,一会儿该找不到你了。"

赵四娘子带着婢女一路紧跟哥哥,赵二郎还是不放心,和赵三郎一前一后把妹妹护在中间,防止她被人群冲散。他们循着人流走到江边,找了个视野好的地方。

站在高处,眼前景象豁然开朗。赵四娘子看见钱塘江水从远处涌来,像一条白色的线,细而窄长。白线扭动着向前冲,越来越近。靠近岸边时,潮水化作翻涌的巨浪,一瞬间掀起数丈,高耸入云,遮天蔽日。潮声像雷鸣一般,轰鸣不断,震耳欲聋。这时,人群中不知道谁喊了一句:"快看,水师船队来了!"

赵四娘子踮起脚尖远眺,果然看见有船队在靠近。

数百艘战船分列两岸,整齐有序地在江面上行驶,气势磅礴。这些战船是朝廷的水军部队,每年八月十八,临安府的官员都会在浙江亭检阅水军,其阵势之大,平日里是绝对看不到的。所以对临安百姓来说,这也是一场不容错过的视觉盛宴。

赵四娘子对这种威武壮观的场面崇拜得很,她目不转睛地盯着远处,见战船上的水军有的骑马耍枪,有的舞着大刀,战船在江面上颠簸,他们却身姿矫健,如履平地。她看得正起劲,忽然黄烟四起,遮住了船队,只能听见水中传来的阵阵爆破声。不一会儿,烟雾散去,战船已消失得无影无踪。

"天哪,太壮观了!"赵四娘子忍不住发出激动的欢呼声。

不过人群中欢呼的人太多了,赵四娘子的声音瞬间被淹没。她对赵二郎说:"今天真是没白来,怪不得临安人都喜欢观潮呢。"

"岂止临安,观潮在整个浙江都很风靡呢。"

"三哥不是说天子也会来观潮阅兵吗,怎么没见到天子仪仗?"

赵二郎转身,指着远处:"看见那边了吗?那是宫殿里面的'天开图画'高台,天子就在上面呢。"

赵四娘子仔细观望,可惜离得太远,只能看见模糊的人影和天子专属的黄色伞盖。

小知识

1. 每年中秋前后是钱塘观潮的好时节,其中又属八月十八这一天游人最多。《梦粱录》记载:"每岁八月内,潮怒胜于常时,都人自十一日起,便有观者,至十六、十八日倾城而出,车马纷纷,十八日最为繁盛,二十日则稍稀矣。"

2. 白居易在《忆江南》中写道:"江南忆,最忆是杭州。山寺月中寻桂子,郡亭枕上看潮头。"这里的"郡亭枕上看潮头"指的就是钱塘江的观潮活动。

3. 八月十八当天,钱塘江边游人暴增,物价也数倍于平时。见《武林旧事》:"而豪民贵宦,争赏银彩,江干上下十余里间,珠翠罗绮溢目,车马塞途,饮食百物皆倍穹常时,而僦赁看幕,虽席地不容间也。"

4. "天开图画"是南宋临安宫殿中的一处高台,皇帝一行人会在这处高台上观潮。见《武林旧事》:"禁中例观潮于天开图画,高台下瞰,如在指掌。"

学

校

大宋最高学府，了解一下

赵四娘子正在书房听老师讲课，忽然听到外面有声音，她让婢女去看一下发生了什么，婢女回来后说，是赵四娘子的大哥赵郎君回来了。

"真的假的？"赵四娘子大为惊讶。要知道她哥在太学上学，平日住在学校宿舍，每年只有寥寥几个假期。她上一次见她大哥，已经是半年前的事了。

赵四娘子跟老师告了个假，说是去看她哥。老师很通情达理地准了假，毕竟他也知道太学生难得回家一趟。

赵郎君正在送一位医生出门，两人边走边聊。赵四娘子听了他们的对话才知道，原来大哥最近犯了头疼病，吃不好睡不好，这次是请假回来看病的。

"现在还难受吗？"赵四娘子很担心哥哥的身体情况。

赵郎君摇头："好多了，医生给开了药，说按时服药就好。我请了两天假，后天一早就得回太学。"

"你们学校好严格哦。二哥和三哥在临安府学上学压力也不小。还是我最幸福，老爸给我请了家庭教师，在家里学习多舒服。"

"太学是国家最高学府,当然是最严格的。"

"听说我朝最初是没有太学的,只有国子学?"

"是的,那时候的国子学只招收七品及以上官员家的孩子。到了仁宗庆历年间,太学才成立。"

赵郎君非常耐心地给妹妹讲解了太学的历史沿革。

北宋庆历年间,范仲淹推行新政,其中一项就是成立太学。太学打破了国子学只招收官宦子弟的传统,不仅招收七品以下官员的子弟,也招收优秀的平民学生。到了神宗年间,王安石主持变法,太学扩招,各方面政策也有了相应的变化。其中最大的变化是教学制度上的"三舍法",学生分外舍、内舍、上舍三个级别,上舍级别最高。太学生初入学是外舍,通过学习考试,一点点努力考到上舍,类似于后世的升学考试。

赵四娘子听得愣了:"那你们的考试岂不是很多?"

"每个月都有考试,每个季度还有一次大考。外舍升内舍,内舍升上舍。除此之外还有考官职、考省试、考殿试……"

"这升级打怪也是够难的,考试频率好高啊,怪不得你平时都回不来!"赵四娘子上下打量了赵郎君一番,感慨道,"哥,半年没见你,你都瘦了一圈了,看来太学的学习真够累的!"

"虽然学习累、考试多,但朝廷管我们伙食啊,每天吃得都很好,你就放心吧!"

一提到太学的伙食,赵郎君脸上的笑容都多了。太学是官办学府,只要考进去了,一律免收学费。赵郎君去年考到了内舍,连伙食费都不用交了。而且太学的伙食是出了名的好,其中最出名的要数北宋流传下来的太学馒头了。

"吃得好就行,吃饱了才有力气学习嘛!"赵四娘子又问,"那你们学校都有哪些课？学业重不重？"

"唔……课还挺多，有诗赋、策论、经义，等等，都是科举要考的内容。除了文化课，我们还有必修的体育课，要学骑射，锻炼身体。"

"学体育好啊，有了好身体才能更好地学习。你这次回家得好好调理啊。"

"是，听妹妹的话，好好调理身体，努力考到上舍。"

"大哥是我们家的学霸，要考上舍轻而易举。听二哥说，他们也要准备考太学啦。太学难考吗？"

"说难也不难，看脑子吧。"毕竟他是一次就中了，对他来说一点都不难。

赵四娘子："……"

太学的招生考试叫"补试"，每年一次，面向全国各地的举人。赵二郎和赵三郎都有考试资格，至于能不能考上，就像赵郎君说的，看他们脑子好不好使吧！

📖 小知识

1. 北宋时期，太学位于汴京城的朱雀门外。《东京梦华录》卷二的《朱雀门外街巷》一文记载："其御街东朱雀门外……东刘廉访宅，以南太学、国子监。过太学，又有横街，乃太学南门。"

2. 南宋绍兴二十年，高宗重建太学，选址于纪家桥东岳飞旧宅。见《梦粱录》："高宗南渡以来，复建太、武、宗三学于杭都：太学在纪家桥东，以岳鄂王第为之，规模宏阔，舍宇壮丽……"

3. 据《宋史》记载:"广文教进士,太学教《九经》《五经》《三礼》《三传》学究,律学馆教明律,余不常置。"以上是太学生要学的课程。

4. 太学生的伙食非常丰盛,由朝廷提供,见《梦粱录》:"诸生衫帽出入,规矩森严,朝家所给学廪,动以万计,日供饮膳,为礼甚丰。"

5. 著名词人李清照的丈夫赵明诚就是北宋徽宗年间的太学生。

南宋有几种学校，作业多吗

赵家今天很热闹。赵郎君难得请假回家一趟，赵家爸妈心情好，让后厨做了一大桌好吃的。赵三郎把邻居刘郎君请了过来，赵四娘子想念表姐了，也给宋家兄妹发了邀请。

饭桌上，大家祝赵郎君早日康复，早日升上舍，早日考上公务员，早日"上岸"……

刘郎君到临安没多久，正在书院学习的他也想努力考太学。他向赵郎君请教了很多关于太学入学资格考试的问题。

赵四娘子看着桌上这些学生，问道："我大哥是太学生，二哥三哥是临安府学的学生，刘郎君是书院的学生……临安城内到底有几所学校啊？"

"那可多了去了。"赵三郎说，"我来给你盘点盘点：先说官办学校吧，有宫学、太学、武学、府学、县学、医学等。除了以上这些，还有很多民办学校，私塾啊书院啊什么的，不胜枚举。"

"这么多呢！"

"这些学校有什么区别？"

"在哪里上学最累？"

"学校作业多不多？"

大家七嘴八舌地议论起来。

赵郎君作为学霸，温和一笑后就开始了他的讲解："宫学顾名思义，是皇族子弟上学的地方，太宗年间就有了。"

北宋时期，宫学一直是服务于皇族的教育体系。到了南宋后期，宫学改为宗学，扩大了招生范围，宗室子弟皆可入学。不过，想要入宗学，除了有宗籍以外，还得通过入学考试才行。宗学每三年进行一次招生考试，考上了就成为宗学生。

赵四娘子说："宫学离我们太遥远了，反正我不是皇族，不想了解。讲讲其他的学校吧。"

"太学刚才已经说过了，是天下学子都有机会考入的最高学府。武学应该也好理解，是培养武将的地方，学校制度和太学差不多，定期考试招收学生。府学……"

"府学我最熟悉了，我来说！"赵三郎抢答，"我和二哥就在府学上学，学校在凌家桥西，一共有十个班。每个月有一次小考试，每季度一次大考，这点跟太学一样。没办法，考试太多了，想跑都跑不掉。但总体来说我们府学的学业没有太学重，作业也没太学多。"

听了赵三郎的回答，众人都笑了。赵四娘子揶揄他："你和二哥明年开春不是要参加补试吗？等你们考进太学，看你还幸灾乐祸不！"

"妹妹你真是的，每次都向着大哥说话！"

在一旁认真听讲的宋娘子说："我大概弄明白了。那县学应该就是县级单位办的学校吧，和府学差不多，规模应该要小一些？"

赵三郎点头："表妹说对了。补充一点哈，县学的学费比府学便宜，但是考试和府学一样多，作业也少不了。"

众人:"……"

"至于医学,其实就是大家熟知的太医局,是给国家培养医务人员的地方,由朝廷的御诊长担任校长,据说校风校纪也挺严的。反正这些官办学校没一个轻松的,妹妹你这种只需要在家学习的女孩子就偷着乐吧。没准再过一千年你们女孩子也要去上学了,日子就不好过咯。"

赵四娘子:"我谢谢你啊!"

"客气客气。"

刘郎君说:"太学虽然要求严格,但是能学到的东西也更多。我也希望有朝一日能入太学学习,当上公务员,为国家做贡献。"

"你一定可以的,加油。"

菜慢慢上齐了,大家开开心心地用餐,每个人心里都有不一样的美好憧憬。

📖 **小知识**

1. 临安城内除了太学、武学、宗学等官办学校,还有很多民办的学校。见《都城纪胜》:"都城内外,自有文武两学,宗学、京学、县学之外,其余乡校、家塾、舍馆、书会,每一里巷须一二所,弦诵之声,往往相闻。"

2. 南宋时期,宗学和武学的学制和太学一致,见《梦粱录》:"宗武学,俱有学廪、膳供、舍选、释褐,一如太学例。"

3. 太学在宋朝很受重视,高宗皇帝曾经亲临太学,见《梦粱录》:"高宗朝幸学之时,曾幸养正、持志二斋……"

假

期
一

宋朝公务员假期多不，调休不

赵四娘子大清早被噩梦惊醒就再也睡不着了，索性起床去花园散步。她走到湖边，老远就看见她爸赵大人正在悠闲地喂鱼。

赵四娘子顶着一头问号。今天可是工作日，这个时间她爸应该还没退朝啊，难不成她爸偷懒了？

"爸爸早上好，今天怎么没有去上班啊？"赵四娘子问。

赵大人喂完鱼，擦了擦手，说："圣上昨日游湖去了，晚上又在宫中搞了个宴会，估计有些累了，今天取消坐殿办公。我们也能放一天假。"

"假期说来就来，简直太爽了。据说我朝公务员的假期是历史上最多的？"

"那当然，我朝经济繁荣，百姓富裕，我们这些当公务员的也能少操很多心。"赵大人叹了口气，"可惜啊，南渡以前的假期更多呢，我应该早生几十年才是。"

南渡以前，即北宋时期。

根据史料记载，北宋沿袭了唐朝的旬假制度，宋太祖规定"每旬唯以晦日休务"，即每旬最后一天休假，每月3天，全年总计36天旬假。旬假的概念，相当于现如今的周末。别看他们的旬假不如我们的双休日多，节假却可谓是"野蛮生长"。

首先，北宋有 5 个"黄金周"，分别是元日（春节）、寒食、冬至、天庆节、上元节，各休 7 天；其次，有 7 个"小长假"，分别是天圣节、夏至、先天节、中元节、下元节、降圣节、腊八，各休 3 天；另外还有 21 个单日假，分别是立春、人日、中和节、春分、（春）社、清明、上巳、天祺节、立夏、端午、天贶节、初伏、中伏、立秋、七夕、末伏、（秋）社、秋分、授衣、重阳、立冬。

以上，节假总计 77 天。加上旬假，北宋官员的国家法定节假日共有 113 天。

赵四娘子表示意外："比我想象中的要多呢，节假种类真丰富！"

赵大人很自豪："这才哪儿到哪儿啊，节假和旬假只是公假中的一部分，另外还有国忌假、外官上任假以及特殊情况的假期等。像今天这种，就属于特殊情况假。"

国忌假顾名思义，是本朝先帝先后的忌日。外官上任假是指官员赴别处上任，中间留出的休息时间。此外，科举放榜唱名后，朝廷也会按照实际情况给主考官员放假。

赵四娘子问："光是公假就有这么多种啊？那私假呢，有哪些？"

"私假有婚假、丧假、病假、探亲假、私忌假等。"赵大人朝女儿笑笑，"婚假不只是自己结婚，亲人结婚也算。比如你结婚，我是可以休假的哟。"

"爸，不许催婚。我的哥哥们都还是单身狗呢，我急啥！"赵四娘子不乐意了，转移话题，"刚才你说的是南渡以前的，那现在呢，休假制度调整了？"

赵大人点头："南渡初期，由于时局不稳定，节假日基本取消了。

到了绍兴元年,日子逐渐太平了,我们才重新获得了放假的权利,不过假期时间缩减了一些。"

从《庆元条法事类》中的《假宁格》来看,南宋官员的"黄金周"算是彻底飞了,长假不仅从7天改成5天,数量也减少了,分别是元日、寒食、冬至,各休5日。小长假倒是增加了,有天圣节、天庆节、开基节、先天节、降圣节、上元节、中元节、下元节、夏至、腊八等,各休3天,共30天。此外还有22个单日假,分别是天祺节、天贶节、春社、秋社、上巳、重午、初伏、中伏、末伏、中秋、重阳、人日、中和节、七夕、授衣、立春、春分、立秋、秋分、立夏、立冬、大忌。

以上,节假共67天。加上旬假36天,南宋官员的国家法定节假日是103天。

赵四娘子说:"节假虽然减少了,但你们也算很幸福啦,毕竟节假和旬假只是你们假期的一部分,加上其他情况放的假,感觉你一年有一半时间都在休假呢!"

注:不同皇帝在位期间,官员放假标准会有一定的调整,上文记录的放假时长皆按照所参考资料对应时期计算。北宋参考《文昌杂录》,南宋参考《庆元条法事类》。

小知识

1. 古时官员休假称为休沐,自汉朝起,官员每五日一休沐,见《太平御览》:"汉律:吏五日得一下沐,言休息以洗沐也。"
2. "旬假"始于唐朝,即每旬最后一天休假,十日一休。见《唐会要》:"永徽三年二月十一日,上以天下无虞,百司务简,每至旬假,许不视事,以与百僚休沐。"

3. 南宋初期由于战乱，假期曾一度被取消，绍兴元年，高宗下诏恢复旬假。见《宋会要》："绍兴元年正月十八日，诏今后朝廷百司依条月中每旬仍旧作休务假。"
4. 关于北宋官员的休假事宜，《文昌杂录》记载："祠部休假，岁凡七十有六日，元日、寒食、冬至各七日，天庆节、上元节同，天圣节、夏至、先天节、中元节、下元节、降圣节、腊各三日，立春、人日、中和节、春分、社、清明、上巳、天祺节、立夏、端午、天贶节、初伏、中伏、立秋、七夕、末伏、社、秋分、授衣、重阳、立冬，各一日，上中下旬各一日……余假皆不坐，百司休务焉。"（注：根据原文所列的节假日名称和休假时长计算，节假总计77天，作者的"岁凡七十有六日"似乎统计有误。）

学生党和打工人怎么放假

午后，赵四娘子跟赵大人去宋大郎茶坊喝下午茶，赵四娘子顺口提起了老爸假期多这一事。

茶坊平日里会有官员和官家子弟光顾，宋大郎多少有些了解，他表示很羡慕："难怪人人都想考公，我朝公务员简直是神仙待遇，不仅俸禄高，假期还多。"

宋娘子在一旁打趣说："谁让你当年不好好读书，要不然此刻你也在书院埋头苦读呢。只要努力学习，就有机会考太学、考科举。"

"我也想啊，可惜不是人人都有读书的天赋。再说了，学校假期那么少，咱爸妈年纪越来越大，你也快嫁人了，我得帮忙打理茶坊的生意啊。"

"公务员假期那么多，学校假期很少吗？"宋娘子意外。

宋大郎点头："官办学校假期都少，除非请假。你看赵家大表哥和二表哥，平时都见不到人。"

赵四娘子小声嘀咕了一句："三哥倒是……偶尔请假……咳咳……"

众人偷笑。

赵大人说:"太学毕竟是我朝最高学府,校规当然严格。太学的假期是出了名的少,平日里有事只能请斋假。你大哥是个学习达人,基本不请假。"

"太学每年放几次假?"

"没具体问过,只知道有清明、冬至、春节三个小长假。"

赵四娘子倒是毫不意外,摊手说:"我一年到头都见不到我大哥几次。其他的太学生每个月都会请那么一两次假回家,他倒好,真就老老实实地一直在学校待着了。"

"那是因为大表哥单身,结了婚就不一样了,肯定得请假回家。"宋娘子说,"我朝著名女词人李清照的丈夫赵明诚不就是太学生吗。据说他每个月都会请两次假,回家陪媳妇儿逛大相国寺呢。"

赵四娘子扭头对赵大人说:"爸,快给我哥介绍对象!你那些同事的女儿,有没有条件不错的,约一下嚯。我大哥一表人才,又是个学霸,肯定很抢手!"

赵大人哭笑不得。

赵四娘子忽然想起个事,问赵大人:"咱们家有个远房表哥在武学上学,他每次放假的时间好像跟大哥不一样?"

"武学和太学的放假制度是有区别的。"

比如说,上巳节太学放一天假,武学放三天假。清明节太学放三天假,武学却只放一天。这样的放假制度,也不知道制定的人怎么想的,委实有点奇怪。

赵大人补充:"不过呢,有正当理由是可以请假的,只要不影响学业就行。就像你们说的,很多太学生每月都会请假回家。"

宋大郎问:"那么,打工人有假吗?比如那些服役的兵丁。"

"一般都有,但每个时期有所差别。比如真宗年间,有春节、清明和冬至三个假期。"

赵四娘子问:"那些为国家办公的工匠呢,有假期吧?"

"有。比如三伏天太热,会放假休息。"

"果然啊,各行各业都有假放,真好。"

赵大人笑呵呵地问赵四娘子:"怎么,我闺女是羡慕了?"

"是啊,好羡慕呢,所有人都有假放,只有我没有假。"赵四娘子狡黠一笑,"因为我不上班呀,哪来的假?"

众人:"……"

📖 小知识

1. 上巳节和清明节,太学跟武学的放假时间有所区别,见《癸辛杂识》:"太学上巳暇一日,武学则三日;清明太学三日,武学乃一日,殊不可晓。"

2. 《宋会要》记载:"如遇私故出入,或疾告归宁,并于判监官处具状乞假,候回日,于名簿开记请假日数。若满一周年已上不来参假者,除落名籍。"意思是,学生最多可以请一年的长假,如果满一年不回来上学,会被学校除名。

3. 赵明诚和李清照成婚时,赵明诚还是太学生,每个月初一和十五会请假出来,跟李清照一起去相国寺。见《金石录》后序:"时先君作礼部员外郎,丞相时作礼部侍郎,侯年二十一,在太学作学生。赵、李族寒,素贫俭。每朔望谒告,出,质衣,取半千钱,步入相国寺,市碑文果实。归,相对展玩咀嚼,自谓葛天氏之民也。"

4. 关于服役丁夫的假期,见《庆元条法事类》:"'役丁夫',元日、寒食、冬至、腊,一日。"

厕所文化

宋朝人的讲究 —— 如厕也要精致

赵四娘子最羡慕的人就是她的妈妈赵夫人了，生活无忧无虑，简直被她爸宠成了小公主。她经常感叹，她妈妈脑门上仿佛写着"精致"二字。这不，就因为她妈妈抱怨了一句"厕所不够宽敞明亮"，她爸迅速找人把家里所有厕所重新装修了一遍。

完工的这一天，赵四娘子陪着赵夫人一起视察验收。她本以为老爸只是在原有基础上把厕所拓宽了一些，万万没想到这竟然是个大工程，厕所完全改头换面了！

她们最先查验的是公共区域的厕所。这间厕所很大，且通风做得很好。赵四娘子进门就闻到了焚香的味道，仔细一看，每个厕位旁都放着香炉。宋朝人爱香，但凡有条件，厕所都会放香炉，以驱逐污浊之气。

赵四娘子很满意："跟装修前相比，现在通风好了很多，而且还有香炉。不错，以后上厕所不用担心有难闻的气味了。"

赵夫人也很满意："还增加了两个厕位呢，下次家中再有宴请，客人就不用排队上厕所了。"

赵大人同事、朋友多，逢年过节免不了会有大大小小的宴请，让客人等着上厕所可不太好,毕竟人有三急嘛。现在的厕所有三个厕位,相邻厕位之间有隔板挡着,这样一来,多人同时上厕所也不会觉得尴尬。

赵四娘子继续打量,见屋子中间横着一根竹竿——这是用来挂衣服和擦手巾的,装修前就有。竹竿下面摆着两个炭炉,这是新添加的。

古人的衣着比较复杂,尤其是富贵人家,无论男女,穿衣服都是一层叠一层的,上厕所很不方便,一不小心就容易把衣服弄脏。所以他们上厕所之前会把外面的长衣长衫脱掉,挂在竹竿上。这也是古人会把上厕所称为"更衣"的原因。那个年代没有暖气,秋冬季节气候寒冷,在厕所摆放炭炉是为了防止如厕的时候着凉,顺便还可以把衣服烤热。对精致的宋朝人来说,把上厕所一事变得舒服,只要是他们能想到的,他们都会付诸行动。

"有了暖炉,上厕所就舒适多了。"赵四娘子说,"尤其是冬天。"

"是啊,这可真是很人性化的一个设计呢。"

"我爸说现在的洗手池有热水哦,这才是更人性化的设计!"

赵四娘子说着,把目光投向了窗边,那儿就是洗手的地方。以前他们如厕完只能用冷水洗手,现在洗手台旁添加了一个"火头寮",能把水烧热,以后洗手就无须担心手指冰冷了。另外,洗手台上还放着澡豆等清洁双手的物品,既可以除菌,又可以除味。

"我对这个新厕所很满意,老妈,你觉得呢?"

赵夫人点头:"确实很不错。想想从前的人如厕环境那么糟糕,《左传》里不是写了吗,春秋时期的晋景公就是上厕所时掉进茅坑淹死的。皇帝尚且如此,普通人家的厕所只会更差。相比之下我们多幸福,比皇帝的待遇还好呢!"

"妈，这是个有味道的故事，掉茅坑淹死……"赵四娘子表示难以想象。

"哈哈，别这样，古人也是有豪华厕所的。随着时代发展，魏晋南北朝的人可是会享受多了，《世说新语》中写了，大土豪石崇家的厕所布置得富丽堂皇，诸如甲煎粉、沉香汁之类，备得非常齐全，而且还有十几个衣着华丽的婢女伺候。"

"《世说新语》我也看过，"赵四娘子说，"里面还提到，舞阳公主府上的厕所也非常奢华，大将军王敦刚娶公主的时候，有一次去上厕所，看见漆箱中放着干枣，就都给吃了，其实那是用来塞鼻子防臭的。等他上完厕所，一个婢女端着盛了水的金澡盆，另一个婢女端了一琉璃盏澡豆站在那儿，准备伺候他洗手，而他不知道是什么东西，就把澡豆倒进水里，喝了……"

"哈哈哈哈。"

母女俩笑作一团。

赵大人听见了，进来问她们："看你们笑得这么开心，应该是很满意了？"

赵夫人说："是的，很满意。我们在讲古人上厕所的笑话呢。"

"要不要再去检查一下你们房间里的厕所？除了面积小点，配置跟这里差不多。当然，装饰肯定要更好看些，我特地吩咐他们摆了鲜花，而且要定期更换。"

"谢谢老爸。走，我们这就去看看。"

📖 **小知识**

1. 上文提到的厕所内配置，原型是《五山十刹图》中所绘的南宋金山寺公厕。《五山十刹图》是南宋时期在中国学习文化的日本僧人所绘。

2. 关于厕所的最早记载是春秋时期《仪礼·既夕礼》中提到的"隶人涅厕"，意思是让奴隶在地上挖土坑为厕所，坑满了就用土填上，再挖新的坑。

3. 古人上厕所用的夜壶也叫"虎子"，唐高祖李渊为了避祖父李虎的名讳，改"虎子"为"马子"，见《云麓漫钞》："故汉人目溷器为虎子，郑司农注《周礼》，有是言。唐讳虎，改为马，今人云厕马子者是也。"

4. 南宋临安城内集市上就有卖"马子"的店，见《梦粱录》："家生动事如桌、凳、凉床……浴桶、大小提桶、马子、桶架、木勺……"

谁说宋朝没有厕纸？打脸来了！

　　几天后赵三郎过生日，特地邀请了几个好朋友来家里参加他的生辰宴，其中包括最近相交甚笃的刘郎君。大家吃饱喝足，酒过三巡后，陆续有客人去上厕所，接下来大家便开始花式夸奖赵家新装修的厕所。

　　"我们家所有厕所都重新装修了一遍，前几天刚装完。确实比以前舒适了很多。"赵三郎觉得很有面子。对于他们来说，家里若是连厕所都精致了，那才是真精致人儿！

　　朋友A说："我回家要跟我爸妈商量一下，就按照你们家的样式改造厕所。"

　　朋友B说："有钱真好，连厕所都能装修得这么华丽。"

　　朋友C说："我们也得好好读书才是，书中自有黄金屋！"

　　众人纷纷附和。

　　刘郎君说："好羡慕你啊，三郎。我们家条件一般，现在租住的这个房子没有坑厕，只有马桶。我爸也说想早点建个坑厕，方便生活。"

　　朋友C说："听说杭城大多数百姓家都用马桶，还有专门处理粪土的职业人。"

朋友A说："这题我会！收集处理粪土的人叫'倾脚头'。别看粪土又脏又臭，那可是最上等的农肥！倾脚头们把这些粪肥卖了，还能赚些钱呢。"

"可不！我们现在的蔬菜粮食又多又好，也是多亏了这些粪肥呢。怪不得前阵子还发生了因为争抢粪肥而闹到公堂上的事。"

"江南一带多土地，百姓们种菜种粮，确实需要不少肥料。我朝人民的生意经是真的牛，连粪土都做成了肥料买卖，还有专门的职业工作者。"

"时代在发展，人民在进步嘛！"

刘郎君又说："三郎，你们家的厕纸真好用，好羡慕。这年头，大部分人家里都在用厕筹呢！"

厕筹是古人上完"大号"用来擦拭的竹片或木片，《资治通鉴》中就提到过。宋朝已经有厕纸出现，叫作净纸，但只有富裕人家才用得起。

赵三郎说："我爸他朋友办公地方的厕所更加豪华，厕纸也非常讲究。他也是去了那儿参观之后才下定决心装修厕所的。上厕所这事真不能含糊！吃喝拉撒都一样，必须让自己身心都舒服。"

同事A问："你爸朋友办公的地方是不是国史日历所？就是修编史料的地方？"

"对，你怎么知道？"

"我叔叔就在日历所工作，之前听他说过，他们那边厕所非常高端。不仅暖炉、厕纸、澡豆、擦手巾等物品一应俱全，还有专门负责厕所清洁的部门，叫仪鸾司。仪鸾司的人每天会更换用品，打扫厕所，保证里面没有一丝污垢。我可是羡慕得很呢！考公务员的理由又多了一个：连厕所都比外面的豪华！"

"听着确实很不错，羡慕在日历所工作的人。"

这时，同学 C 来了句："今天三郎生日，我们总讨论厕所不太好吧，咳咳……"

众人哈哈大笑，换了个话题。因为过几天就是重阳节了，他们聊起了重阳节的活动。

小知识

1. 南宋临安人口众多，很多百姓家没有坑厕，只能用马桶，而且有专门收集、处理粪土的人。《梦粱录》记载："杭城户口繁夥，街巷小民之家，多无坑厕，只用马桶，每日自有出粪人瀽去，谓之'倾脚头'，各有主顾，不敢侵夺，或有侵夺，粪主必与之争，甚者经府大讼，胜而后已。"

2. 关于临安处理粪土的方式，《梦粱录》记载："更有载垃圾粪土之船，成群搬运而去。"

3. 南宋人对粪土的"收集处理再利用"已经有一套非常成熟的模式，南宋人程珌在《洺水集·壬申富阳劝农》中写道："每见衢婺之人，收蓄粪壤，家家山积，市井之间，扫拾无遗。故土膏肥美，稻根耐旱，米粒精壮。"

4. 南宋日历所的厕所，在《南宋馆阁录》中有记载："国史日历所，在道山堂之东，北一间为澡圊、过道（内设澡室，并手巾水盆，后为圊，仪鸾司掌洒扫，厕板不得秽污，净纸不得狼藉，水盆不得停滓，手巾不得积垢，平地不得湿烂）。"

西湖治理

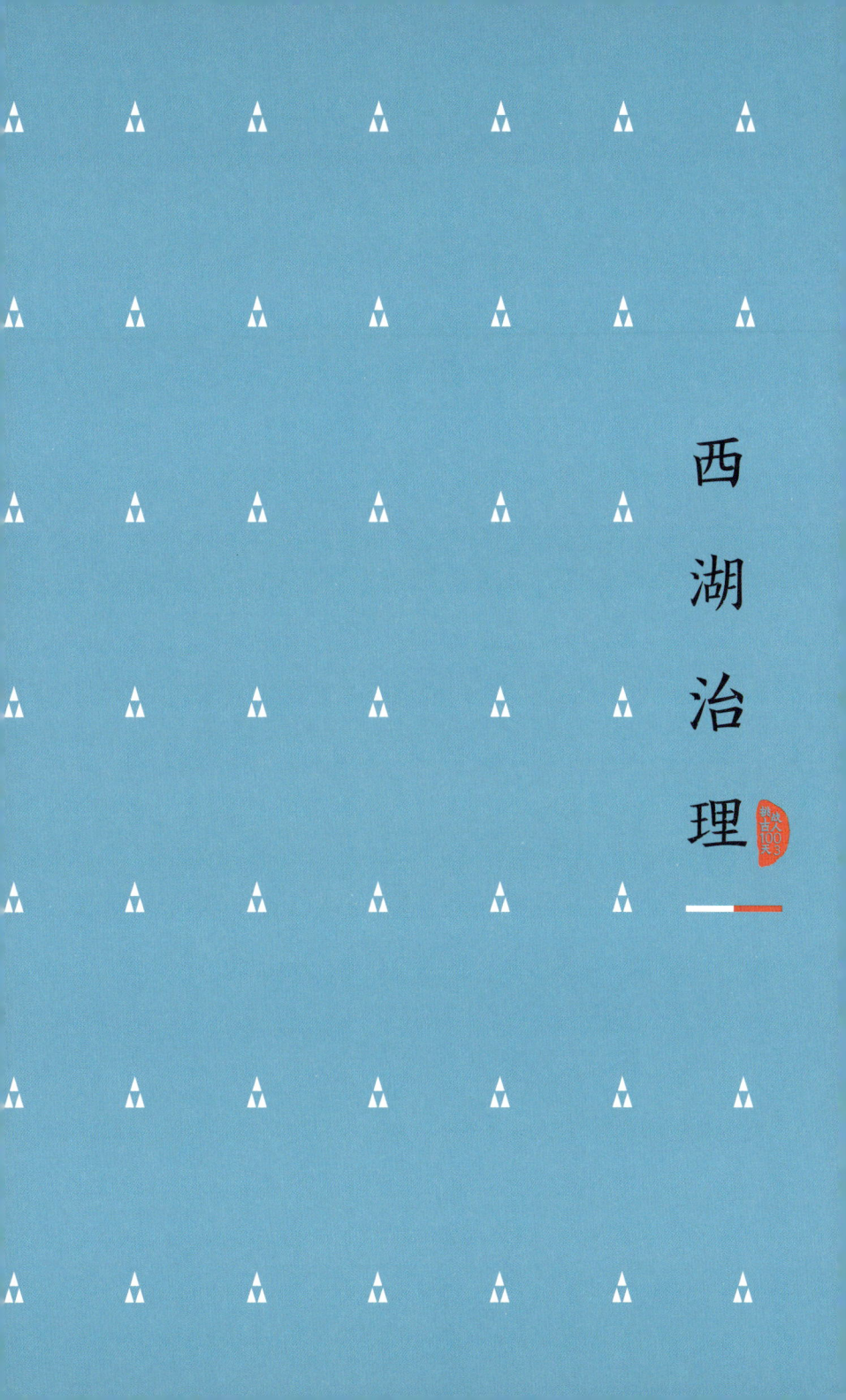

宋人有多爱西湖？爱她如眉眼

西湖风景卓绝，四季皆不同。无论春夏秋冬，湖上总少不了游人的身影。

赵四娘子最喜欢在春日里游西湖，春至万物复苏，尤其是赶上花朝节探春时，看西湖十景之首的"苏堤春晓"，别提有多美了。也正是因为她在其他季节去西湖的次数不多，宋娘子特地去赵府上探望表妹，邀她一起去看"平湖秋月"。

"今天是十六，都说十五的月亮十六圆。我们可以带上一壶好酒，再带些果子点心，一起泛舟湖上，看圆月当空，想想都美！"宋娘子一边描述一边憧憬，仿佛已经置身月下的西湖之上。

赵四娘子听得心驰神往，当即同意："好呀，叫上我二哥三哥，再加上你哥和高二郎。人多热闹嘛！"

"我哥不行，得看店。这几晚去西湖边赏月的客人多，茶坊生意好，得忙到很晚呢。"

"那就叫上你未婚夫高二郎呗。"

宋娘子脸一红，点了点头。

夜幕降临时，赵家兄妹、宋娘子、高二郎，一行五人乘坐小船，悠闲地向湖中心荡漾而去。

月亮很快就出来了,高悬在天上,倒映在水中,船桨掀起的涟漪散开去,让水上的月光漾出一道道的波纹。

"太美了,我还是第一次来看平湖秋月呢。不愧是西湖十景之一啊!"赵四娘子感叹着,她扭头问赵三郎,"哥,十景之中,你最喜欢哪个?"

"断桥残雪。雪中的西湖别有一番韵味。"

"二哥你呢?"

"我最爱三潭印月。"

宋娘子提名:"我最爱南屏晚钟。"

"我也最喜欢三潭印月。"高二郎思考了几秒钟,问大家,"听闻三潭印月这一景点,是由当年苏东坡治理西湖留下的小石塔演变而来?"

赵二郎点头:"确实是东坡居士治理西湖时留下的。元祐年间,苏东坡任杭州知州,发现西湖比他十几年前在杭州当通判的时候小了很多,那会儿的百姓说,再这样下去,西湖将在二十年后消失。"

"为什么西湖会变小?"

"保护治理不当,导致西湖中水草遍布,淤泥堵塞。东坡居士见此情况,痛心疾首,他向天子上奏说,西湖就好像是人的眉眼,怎么能废弃呢。朝廷认同了他的奏请,拨款支持他治理西湖的举措。"

宋神宗元祐年间,苏轼动员杭城百姓疏浚西湖,用打捞起的水草和淤泥修筑了一条长堤。为了纪念苏东坡的功绩,这条长堤被称为苏堤,又叫苏公堤。苏堤绵延数里,堤上种植了花草树木,又建了六桥九亭,作为游人玩赏驻足的地方。这六座桥分别是映波桥、锁澜桥、望山桥、压堤桥、东浦桥和跨虹桥。

〔南宋〕叶肖岩《西湖十景图》(局部) **三潭印月**

淤泥问题解决后,为了防止西湖被侵占,苏轼又在湖中立了三座小石塔作为界线,石塔以内的区域不得种植。他划分了部分可以种植的湖区,分给百姓种植菱角、茭白等水生作物,所获得的收入用作维护西湖环境的费用。自此,西湖终于恢复了唐朝旧貌。

听赵二郎讲完苏轼治理西湖的故事,大家都很受感动。赵四娘子说:"以前在书上看到过东坡居士和苏堤的故事,可以说,没有他就没有现在的西湖啊。"

"就像东坡居士说的那样,我们要像爱护自己的眼睛一样爱护西湖,确保她能永远清澈、美丽。"

"那必须的。再过几百年、一千年都一样,西湖美景一定会流芳百世。"

📖 小知识

1. 西湖十景源自宋代画院的山水题名,《梦粱录》记载:"近者画家称湖山四时景色最奇者有十,曰:苏堤春晓、曲院风荷、平湖秋月、断桥残雪、柳浪闻莺、花港观鱼、雷峰夕照、两峰插云、南屏晚钟、三潭映月。"

2. 南宋画家叶肖岩绘有《西湖十景图》,现藏于"台北故宫博物院"。

3. 苏东坡治理西湖的事迹,见《梦粱录》:"元祐时,苏东坡守杭,奏陈于上,谓'西湖如人之眉目,岂宜废之?',遂拨赐度牒,易钱米,募民开湖,以复唐朝之旧。""元祐年,东坡守杭,奏开浚湖水,所积葑草,筑为长堤,故命此名,以表其德云耳。自西迤北,横截湖面,绵亘数里,夹道杂植花柳，置六桥，建九亭，以为游人玩赏驻足之地。"
4. 三潭印月的景点由苏轼治理西湖留下的三座小石塔而来，见《东坡全集》："深虑岁久人户日渐侵占旧来水面种植，官司无由觉察，已指挥本州候开湖了日，于今来新开界上，立小石塔三五所，相望为界，亦须至立条约束。"

宋以前的人是怎么保护西湖的

月下的西湖有种别样的宁静之美。湖上灯火星星点点，大大小小的船只漂泊着，上面都是赶着出来赏月的人。

宋娘子看见远处白公堤的轮廓，问赵二郎："苏堤是苏东坡为了治理西湖而修建的，那白公堤应该就是白居易修建的吧？"

"没错。唐穆宗年间，白居易任杭州刺史。适逢那年杭州大旱，百姓颗粒无收。为了缓解这种情况，白居易四处奔走，考察土地和水源情况。然后他提出了要在西湖修建湖堤，贮水抗旱，可这一提议遭到了很多当地官僚和豪绅的反对。"

"为什么反对啊？"

"自然是触及了他们的利益。"赵二郎说，"不过白居易是个有大智慧的人，他力排众议，带领百姓在钱塘门外的石函桥到武林门之间修筑了一条长堤，增加了西湖的贮水量。这样一来，农田缺水的问题就彻底解决了。而这条长堤就是我们现在所看到的白公堤。"

听到这里，众人都抬头向远处望去。夜晚的白公堤在月色下并不显眼，但是听了白居易治理西湖的故事，他们仿佛亲身经历一般，全都肃然起敬。

白居易解决了西湖蓄水的问题后,撰写了一篇《钱塘湖石记》,并刻在了西湖边的石碑上。碑文中详细写了治理西湖的策略、湖堤的作用,还有保护堤岸的方法等。

值得一提的是,千年后的现在,我们所看到的白堤并非白居易修建的"白公堤",而是在白居易任职杭州时就已存在的白沙堤,即白居易所写"最爱湖东行不足,绿杨阴里白沙堤"那两句诗中的"白沙堤"。不过人们为了纪念白居易,依旧称之为白堤。

时光荏苒千年,白堤和苏堤仍是百姓心中的历史荣耀,白居易和苏轼也因此深受杭州百姓爱戴。可以这样说,西湖能有如今的景致,杭州能成为今日的人间天堂,这二位功不可没。

赵四娘子想起之前在书上看到的一首诗,说:"白居易为杭州百姓做出这么大的贡献,难怪大家都那么尊敬他。当年他卸任离开杭州,百姓都依依不舍,流泪送别呢。"

"你说的那首诗是《别州民》吧?"赵三郎也想起来了,"我对最后两句印象很深,'唯留一湖水,与汝救凶年'。他确实给我们留下了最好的西湖啊。"

高二郎说:"唐朝以后,杭州成了吴越国的首都,听说吴越国的君王钱镠也是一位对西湖做出过大贡献的人。"

"是啊。要不是钱镠圣明,我们可能就见不到西湖了。"

"啊?为什么?"

"当年有术士建议他填了西湖。"

"什么?"众人大惊。

唐朝末年国家动荡,慢慢进入五代十国时期,钱镠正是十国之中吴越国的开创者。

吴越国建都杭州,钱镠原本要修筑宫殿,一位擅长占卜观气的人对他说："修筑宫殿只能让吴越国的国运维持百年,如果把西湖填平了,国运能有千年。"钱镠听了,笑着说:"怎么可能千年都出不了圣明的君主,为什么要让我的百姓受苦?"于是,他连宫殿都不再修建了。

听赵二郎说完,赵四娘子夸赞:"钱镠真是一位贤明的君王。如果换一个昏庸的,没准脑子一热真就把西湖填平了,那我们可就看不到现在的西湖美景了。"

"钱镠不仅深谋远虑,同时他也是杭州本地人,对这座城市有很深的感情。他比谁都知道西湖对杭州而言意味着什么,他当然不会听信谗言,做出不明智的决定。"

赵三郎补充:"钱镠在位期间,设立了一支专门打捞西湖淤泥水草的撩湖兵,定期疏浚西湖,把最美的西湖留给了后人。"

"原来前人为我们的都城做了这么多贡献呢。"

"所以我们才更应该珍惜眼前的风景啊。也许一个小小的意外,就没有如今的西湖了。"

"是的,我们要知足常乐,珍惜当下。"

赵四娘子深以为然。爱护西湖环境,人人有责。

📖 小知识

1. 《梦粱录》记载:"唐朝白乐天守杭时,再筑堤捍湖。"这里的"白乐天"即白居易。

2. 白居易离开杭州时,杭州百姓夹道送别,他作《别州民》一首,记录了当时的景况:"耆老遮归路,壶浆满别筵。甘棠无一树,那得泪潸然。税重多贫户,农饥足旱田。唯留一湖水,与汝救凶年。"诗中的"唯留一湖水"指的就是西湖。

3. 吴越王钱镠治理西湖的事迹,见《西湖梦寻》:"时将筑宫殿,望气者言:'因故府大之,不过百年;填西湖之半,可得千年。'武肃笑曰:'焉有千年而其中不出真主者乎?奈何困吾民为!'遂弗改造。"

饮食文化

吃货进来，南宋特色美食安利一下

过完重阳节，宋娘子和高二郎办了个热热闹闹的婚礼。婚后小两口十分恩爱，给旁人撒狗粮的同时也没忘记搞事业，夫妻同心，一起把高家酒肆的生意打理得更上了一层楼。

这一天，高二郎提议把亲友们请到高家酒肆聚会，办一个婚礼"答谢宴"。来赴宴的除了刘郎君，其他基本都是临安本地人，因此菜谱也是按照临安口味准备的。

几个好朋友坐在一桌，欢声笑语不断。聊了没多久，酒肆的服务员进来上菜了。打头阵的几个是大菜：五味鸡、酒蒸羊、盐鸭子。

"啊，这些肉全是我爱吃的。"赵四娘子兴冲冲地拿起了筷子。她是个货真价实的吃货，尽管他们家一日三餐都很丰盛，但出来吃席的感觉就是不一样。更何况高家是开酒肆的，猪羊鱼虾肉蟹螺都给安排了，她在自己家里可吃不到这么全面的菜式。

其他人也跟着动筷子，边吃边夸厨师手艺好。赵三郎笑着说："我朝人民对羊肉的喜爱还真是一直都没变过，无论是南渡以前还是南渡以后，羊肉永远是餐桌上的主要肉食。"

赵二郎点头："从前汴京人就爱吃羊肉，几乎各大酒楼都有用羊肉当原材料的招牌菜。"

赵四娘子说:"现在临安人对羊肉的爱有增无减啊。光是我知道的羊肉大菜就有不少,比如蒸软羊、鼎煮羊、羊四软、酒蒸羊、绣吹羊、五味杏酪羊、千里羊、羊杂熁、羊头元鱼、羊蹄笋、细抹羊生脍,等等。"

"我不太爱吃羊肉,有膻味。幸好街市上能买到的肉类品种多,我喜欢吃鸡鸭鹅肉。"宋娘子指了指桌上的五味鸡,"这道菜就是我的最爱,百吃不腻。"

高二郎说:"咱们酒肆有鸡鸭鹅做的各种菜,你可以随便吃。比如鸡丝签、鸡元鱼、鸡脆丝、笋鸡、笋鹅、柰香新法鸡、酒蒸鸡、炒鸡蕈、五味焙鸡、鹅粉签、鸡夺真、五味杏酪鹅、绣吹鹅、间笋蒸鹅。"

新婚夫妻一开口,大家就开始调侃。

"饭菜还没吃饱,狗粮先吃饱了。"

"爱情的酸臭味啊,真浓。"

"哈哈哈哈。"

宋娘子脸红了,赶紧转移话题:"大家先吃菜吧,一会儿第二波菜该上来了。"

果然,话音刚落,伙计又来上菜了。这次上的是紫苏虾、桪醋洗手蟹和姜燥子赤鱼。

赵三郎第一个下了筷子。他尝了一口紫苏虾,接着忙给大家安利:"这虾不错,好新鲜。我们临安人做鱼虾的手艺真是名不虚传。"

"那是自然,毕竟是鱼米之乡嘛。"赵二郎说,"跟汴京人相比,我们临安人饮食结构上的一个变化就是桌上的鱼虾蟹螺变多了。"

正如赵二郎所说,临安地处江南,水网密布,又守着钱塘江入海口,水产品相当丰富。除了新鲜的鱼虾,临安城内还有很多鲞铺鲞，意为风干或腌制过的鱼肉。那时候的保鲜技术有限，风干和腌制是主要的食物储藏方式之一。

赵四娘子看起来很是钟爱蟹肉，分分钟干掉了不少。高二郎见她如此，笑着说："表妹慢点吃，我们酒肆用蟹做的菜有好几种，改天再来吃啊。"

"太好了，蟹肉也是我的爱。你们菜单上都有哪些蟹呀？"

"菜单上只有六种，但如果你喜欢，我可以让我们的厨师张师傅单独给你做。张师傅会做赤蟹、白蟹、溪蟹、奈香盒蟹、辣羹蟹、签糊齑蟹、枨酿蟹、五味酒酱蟹、酒泼蟹。"

赵四娘子听得心驰神往，点头说一定来吃。

高二郎问大家："吃主食吗？我让伙计上主食。"

赵二郎："我吃米饭。"

赵三郎："我也吃米饭。"

一番统计下来，除了刘郎君想吃饼，其他人不约而同都选择了米饭。

这种现象在杭州一点都不奇怪，江南是鱼米之乡，当地人对米的热爱无可取代。临安城大街小巷遍布米铺，主营的除了白米，还有红莲子、黄芒、上秆、粳米、糯米、箭子米、黄籼米、蒸米、红米、黄米、陈米等，都是从周边各地运过来的。

主食很快就上来了，大家配着米饭吃菜，格外香。赵三郎吃了一碗米饭还觉得不够，笑着说想再来一碗。

宋娘子笑话他："表哥你少吃点，晚上吃太多碳水容易长胖。而且菜还没上齐，你留着点肚子。"

赵三郎一听还有菜，马上放下了饭碗。今天是美食局，多品尝一些菜式才不虚此行！

📖 小知识

1. 上文提到的羊肉、蟹肉、鸡鸭鹅肉等菜名以及各类米,皆出自《梦粱录》。

2. 古人一直视猪肉为贱肉,而牛是宋朝的农耕主力,宰牛在当时属于违法行为。因此宋朝贵族餐桌上的主要肉类不是猪肉和牛肉,而是羊肉。《续资治通鉴长编》记载:"饮食不贵异味,御厨止用羊肉,此皆祖宗家法,所以致太平者。"

3. 南宋临安城内有一二百家卖风干和腌制鱼肉的店,见《梦粱录》:"城内外鲞铺,不下一二百余家,皆就此上行合摝。鱼鲞名件具载于后:郎君鲞、石首鲞、望春、春皮、片鳓、鳓鲞、鳖鲞、鲳鲞、鳗条弯鲞……"

4. 临安人普遍爱吃米食,城内有专门的米市,每天大米的流通量为一二千石(石,计量单位,十升为一斗,十斗为一石),见《梦粱录》:"每日街市食米,除府第、官舍、宅舍、富室及诸司有该俸人外,细民所食,每日城内外不下一二千余石,皆需之铺家。"

宋朝人不吃猪肉？

为了能享用更多美食，赵四娘子只吃了几口米饭，然后翘首盼着第三轮上菜。

高家酒肆今天为了招待亲友歇业一天，因此上菜速度特别快。没过多久，伙计又端着新菜进来了。不过这一次的菜是肝脏筷子和香药灌肺，赵四娘子对此兴致不高。

宋大郎倒是很喜欢："我最爱吃下水了，下水才是真人间美味！"

赵二郎说："我也爱吃，下水多好吃啊，又下饭又下酒。"

所谓下水，即动物内脏的统称。宋朝人爱吃各种动物的下水，包括猪、羊、鸡、鸭。北宋汴京就有血肚羹、荔枝腰子、鸡碎、旋煎羊白肠等用下水做的菜和小吃，深受当时百姓的喜爱。到了南宋，人们爱吃下水的饮食习俗依旧没变。临安街市上，无论是大型酒楼、小型酒肆，抑或是夜市摊位，都能见到下水做的食物，比如血脏羹、羊血、粉羹、羊肚……

都说宋人在"吃"这方面从不亏待自己，确实如此。哪怕是最不起眼的下水，在宋朝厨子的手里都能变成口味各异的美食。两宋传下来的古籍资料中，菜名不下数百种，其中有不少都是下水类。

对着刚上的这两份菜肴,尽管赵四娘子意兴阑珊,其他人却是大快朵颐。

宋娘子见表妹不怎么动筷子,赶紧催着伙计上其他菜。当伙计端着莲藕、芥菜和炙猪肉进来,赵四娘子的脸上又有了笑容:"你们店里竟然有炙猪肉!我的最爱啊!"

"我也爱吃。"

"我也!"

炙猪肉一上桌,很快被大家分食完毕。

赵四娘子疑惑:"为什么古人觉得猪肉是贱肉?他们真是不懂欣赏,猪肉多好吃啊!"

刘郎君解释:"在先秦时期,猪圈是盖在厕所下面的,加上猪圈内比较臭,所以当时的人都觉得猪肉是贱肉。药王孙思邈认为'凡猪肉,味苦,微寒,宜肾,有小毒,补肾气虚竭,不可久食'。所以在有其他肉可以选择的情况下,大家当然不会优先考虑猪肉了,尤其是贵族阶层。"

"那他们可没口福了。听我奶奶说,当年汴京大相国寺内,惠明和尚做的炙猪肉堪称一绝,可有名了!"

"我朝人民都是吃货,前人不爱吃的猪肉,在我朝却能变成餐桌上的美食。比如大名鼎鼎的东坡肉,就是因苏东坡而闻名天下的。"

高二郎说:"对,南渡以前,富贵人家吃猪肉的也不多,但百姓吃猪肉的不在少数,汴京有不少猪肉铺呢。到了现在,猪肉变得更加普遍了,光是咱们临安城,每天消耗的猪肉量就很惊人呢!我们家酒肆每天要购进不少猪肉,因为客人爱吃。"

古人对吃猪肉的态度,宋朝是一个转折点,因苏东坡而闻名的"东坡肉"就是一道标志性的猪肉类菜品。此外,以北宋为背景的

《水浒传》也提到了当时人们吃猪肉的情况。比如《鲁提辖拳打镇关西》中写道:"且说郑屠开着两间门面,两副肉案,悬挂着三五片猪肉。郑屠正在门前柜身内坐定,看那十来个刀手卖肉。"被鲁智深暴打的这个郑屠户,就是开猪肉铺的。

赵四娘子意犹未尽,炙猪肉是今晚最合她胃口的一道菜。不过再好的食物也不能多吃,今晚她吃的肉已经够多了。她又夹了几筷子芥菜和莲藕,这都是临安本地蔬菜,街市上每天都有卖,十分新鲜。

大家继续边吃边聊。菜已经上完,贴心的高二郎还安排了餐后水果给大家解腻。

注:关于北宋汴京百姓的饮食习惯,详见系列作品《挑战古人100天2:大宋小民生活日志》中的《饮食》篇。

📖 小知识

1. 汴京城内大相国寺的僧人惠明就很擅长做炙猪肉,且名声在外。《画墁录》记载:"相国寺烧朱院旧日有僧惠明善庖,炙猪肉尤佳。"

2. 南宋诗人陆游在《游山西村》中写道:"莫笑农家腊酒浑,丰年留客足鸡豚。"这里的"豚"就是猪的意思,可见鸡肉和猪肉都是农家常见肉类。

3. 临安城内有专门卖猪肉的大小肉铺,猪肉的消耗量很大,见《梦粱录》:"每日各铺悬挂成边猪,不下十余边。如冬年两节,各铺日卖数十边。案前操刀者五七人,主顾从便索唤钊切。且如猪肉名件,或细抹落索儿精、钝刀丁头肉、条撺精、窜燥子肉、烧猪煎肝肉、膂肉、庵蔗肉。"

4. 北宋时期，汴京城有专门宰猪的作坊，见《东京梦华录》："其杀猪羊作坊，每人担猪羊及车子上市，动即百数。"

商业团行

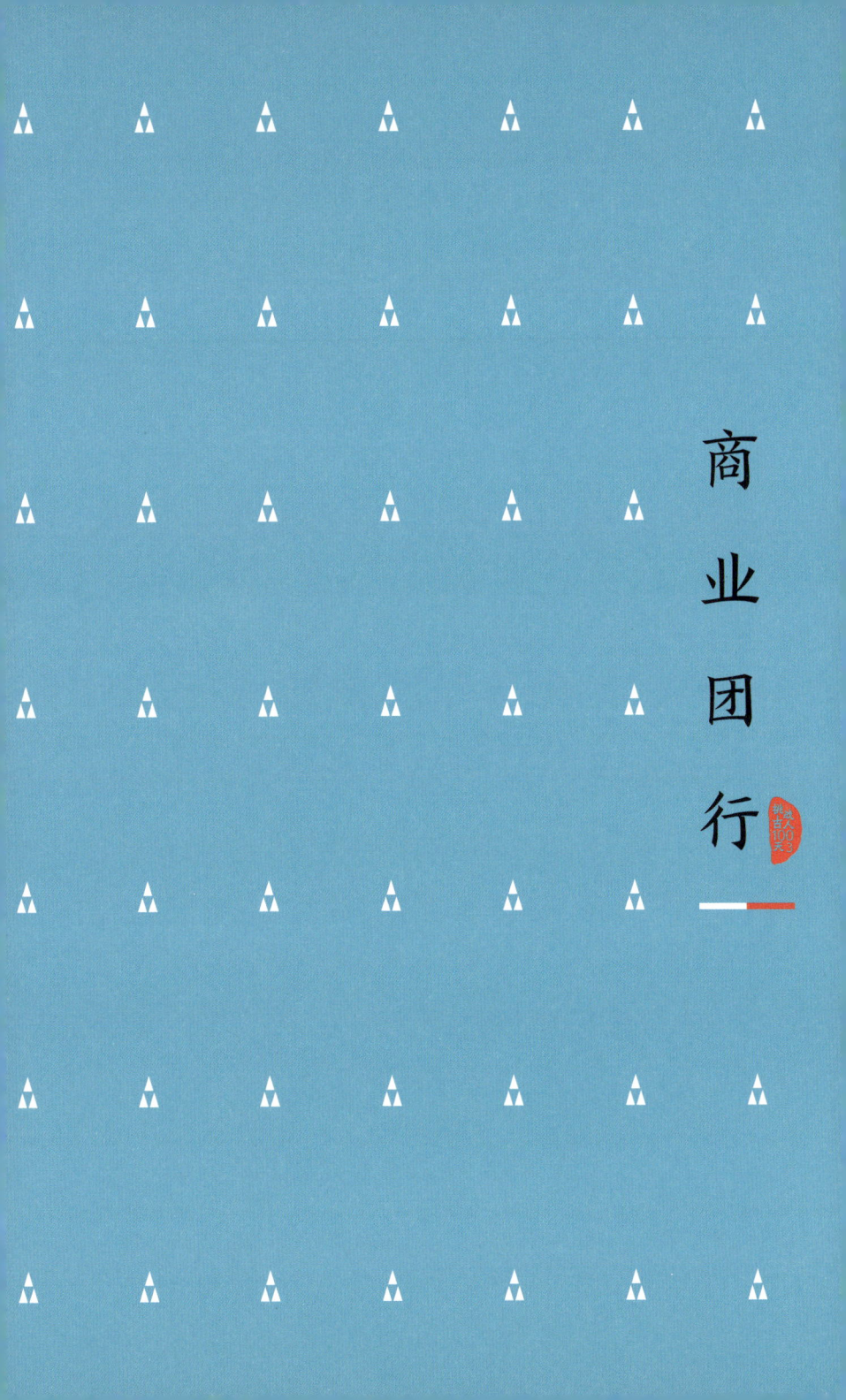

三百六十行，南宋有几行

又是一个阳光灿烂的好天气，赵四娘子去了宋大郎茶坊喝下午茶。巧的是，她恰好遇到高二郎陪宋娘子回来探望父母。表姐妹又见面了，宋娘子开心地拉起赵四娘子的手，去了二楼最好的观景卡座喝茶。

几盏茶之后，有人来找宋大郎，说他们茶行的行老喊大家开会，有重要的事情商量。宋大郎不敢耽搁，放下杯子就出门了。宋娘子和高二郎对这样的事早已见怪不怪，唯独赵四娘子一脸懵。

赵四娘子："行老是谁？为什么要叫表哥去开会啊？"

宋娘子说："行老就是行业的主事人啊，每个行业都有行老，也叫行头。"

赵四娘子还是一脸懵的样子。

"这事比较复杂，我来给表妹解释一下吧。"高二郎说，"历朝历代都有工业和商业，我朝的经济发展又很迅速，这一点表妹应该知道。而从事工商业的人呢，有义务对官府承担行役，比如官府需要雇用一帮工人去修葺房子，或者采买一批药材，等等，这些事都需要有人张罗、管理。因此，官府要求各行业的人成立行会，叫作'团行'。

每一行的从业人员必须实名登记入行,受行老管辖。一旦入行,就有了行籍,轻易不能退出。"

"我明白了,开茶坊的要加入茶行,受茶行行老领导。所以行老喊表哥去开会,他马上就去了。"

高二郎点头:"正是如此。团行最开始是因官府科配需要而产生,久而久之就成了工商业从业者自我管理的组织。"

这种自我管理的行会组织其实早在唐朝就已经产生,类似于后世的商会。只不过唐朝实行坊市制,即住宅区和生意区分开,住宅区称为"坊",坊内不允许经商,允许经商的地方叫"市",但宵禁后市内也不允许做买卖。坊市制度下,商业区集中,生意往来的时间和空间都受限,管理起来方便,因此没有特别依赖于行会。

宋朝已经没有坊市制,无论是居民区还是闹市区,皆可开店营业。加上宋朝经济空前发展,在城镇从事商业活动的人越来越多,不仅有商铺,还有流动的摊位、走街串巷的货郎等,交易时间更是不分昼夜,甚至通宵达旦……这就十分依赖能管理行业的组织。团行也因此趋于成熟,迅速发展壮大。

赵四娘子点头:"噢,所以说,团行其实是民间组织咯?"

"对的。"

"那临安是不是有很多团行?"

"多着呢,我能叫出名字的就有青器行、处布行、麻布行、青果行、海鲜行、纸扇行、麻线行、蟹行、鱼行、木行、竹行、果行、笋行。据说,总共有四百多行呢。"高二郎想了想,继续补充,"当然,不是所有的行业都叫某某行,也有叫团的,比如城西花团、泥路青果团、后市街柑子团、浑水闸鮝团。"

赵四娘子明白了,有的叫"团",有的叫"行",所以民间的工商组织叫作团行。她忽然想起之前赵三郎说过，澡堂子叫作"香水行"，原来名字是这样来的。

宋娘子见赵四娘子一副恍然大悟的样子，提醒高二郎道："你得跟表妹说清楚，不是所有的团行都叫'团'或者'行'，还有'市'和'作'呢。"

"对对，忘了说了。那些做生意的地方叫'市'，比如象牙玳瑁市、金银市、珍珠市、丝锦市、生帛市、枕冠市、故衣市、衣绢市、花朵市、肉市、米市等；做手工活的叫'作'，比如碾玉作、钻卷作、篦刀作、腰带作、金银打钑作、裹贴作、铺翠作。"

"真规范，怪不得我朝经济这么发达，这跟团行制度是相辅相成的。生意好了，需要团行，团行成立了，生意就更好。"

宋娘子说："其实不只有团、行、市、作呢。这几类是属于经营性质的，还有一些社交娱乐性质的组织，叫作'社'，这个你应该熟悉，咱们跟其他几个姑娘不是有个品评诗词歌赋的诗社吗。而你二哥爱画画，加入了一个画社。"

这题赵四娘子会。本朝赫赫有名的足球队，就叫作齐云社！

📖 小知识

1. 关于商业团行的由来，见《梦粱录》："市肆谓之'团行'者，盖因官府回买而立此名，不以物之大小，皆置为团行，虽医卜工役，亦有差使，则与当行同也。"

2. 《西湖老人繁胜录》中也有关于团行的记载："京都有四百十四行，略而言之：闹慢道业、履历班朝、风筝药线……"从中可知，南宋临安城共有414行。

3. 《梦粱录》记载:"其中亦有不当行者,如酒行、食饭行,而借此名。"意思是,各行业中也有不入行会的,比如酒行、食饭行,只是借用一个行名而已。这一点在《都城纪胜》中也提到过:"内亦有不当行而借名之者,如酒行、食饭行是也。"

4. 除了上文提到的齐云社,《都城纪胜》中还列举了一些其他社团:"锦体社、八仙社、渔父习闲社、神鬼社、小女童像生叫声社、遏云社、奇巧饮食社、花果社;七宝考古社,皆中外奇珍异货;马社,豪贵绯绿;清乐社,此社风流最胜。"

5. 上文提到的各行、团、市、作和社名,均出自《梦粱录》《都城纪胜》《西湖老人繁胜录》等古籍。

行有行规，行老来领头

傍晚，赵四娘子正准备回家，这时宋大郎开完会回来了。出于好奇，赵四娘子又多留了会儿，她很想知道，行老喊大家开会一般都有什么事。

宋大郎见赵四娘子求知欲这么旺盛，笑着给她解释："没什么大事，就是例行开会，行老向我们通知了几件事。比较重要的一件是过阵子会有一批定窑的白瓷茶具运到临安，各茶坊有兴趣的话可以现场验货，想买就报名，统一预订还能打折。"

"刚才姐夫已经跟我说了什么是团行，我大概了解一些啦。果然啊，有了行老从中斡旋，做任何事都能事半功倍。"

宋大郎赞同这话，又说："行老还说了个事。前阵子有个蹴球茶坊里发生了打架斗殴事件，起因是当时有A、B两支球队比赛，在茶坊喝茶聊球的客人分别站A队和B队，意见相左，讨论得十分激烈。碰上有个急性子的壮汉，一时没忍住动手了，然后……"

宋大郎一边说着，一边摇头叹气。

赵四娘子哭笑不得："行老是想让各茶坊的老板约束一下客人，文明喝茶，文明聊球，不要打架斗殴？"

"是的。以前只听说酒楼有客人喝多了打架,还是第一次听说因为看球打架的。球队那么多,支持哪个队的都有,支持就支持呗,动什么手啊!唉!"

"还有什么好玩的事吗?继续说说。"

"还真有。离我们很近的那家说书茶坊,有个伙计不小心把茶水洒在了客人身上,被客人辱骂了。虽说是这个客人不对在先,但那个伙计也不是什么好人,他竟然怀恨在心,为了报复而在客人的茶水里放了泻药。事发之后,茶坊老板把伙计解雇了,还把伙计的名字报给了行老。行老说这个伙计手脚不干净,没有德行,以后临安所有茶坊都不能聘用他。"

"真是大快人心!"在一旁吃水果的宋娘子接话,"这种品行不端的人怎么能在这个行业里混呢。还好他下的是泻药,万一是毒药,那可不得了。"

高二郎点头表示赞同。

宋大郎又说:"隔壁巷子里提茶瓶卖茶的那个小刘也被点名了。他前些天卖茶给西湖边修路的几个工人,可是那些茶叶保存不当,变质了。小刘好像不是有意的,行老口头警告了一次,让他整改,以后要确保饮食卫生。"

这下赵四娘子震惊了:"什么?街上提茶瓶卖茶的也归行老管呢?"

"那可不,想在临安做卖茶这门生意,人人都得入茶行,无一例外。"

宋大郎所陈述的几件事,在各行都有可能发生。临安人重视饮食卫生,不论是盛放食物的器具,还是买卖饮食的场所,卫生条件都必须过关,这是行规,也是习俗。此外,从事各行业的人要穿不同的职业装，以便顾客区分，这也是行规。本书《民风民俗》一章中提到了这几点。

赵四娘子说："行老要管的事好多啊。临安这四百多行能井然有序地运营，各行的行老功不可没。"

"除了刚才提到的这些事，行老还要调控商品价格呢，以防有不良商家做出哄抬物价、捆绑销售、强买强卖、不良竞争等行为。"

一直沉默的高二郎说："前阵子我听米铺的孙老板说，他们同行有人私自搞了个跳楼大甩卖，以超低价出售白米，引起了其他米铺老板的不满，说这是不良竞争。这事被告到行老那儿，行老处理时发现，那个米铺老板把质量不好的米和新米掺和在一起卖，怪不得价格那么低。"

如高二郎所说，南宋时期各行物价是统一的，由团行统一调控。没有得到行会允许，商贩不可以随意打折，这也是为了保护同行业其他从业者的利益。

也正是因为行老们对管辖范围内的事十分了解，若是想打听什么，找行老是最快捷的。其中又以茶行行老的消息最为灵通，因为各行业的行老都会在专门的茶坊聚会，互通有无，这类茶坊叫作"市头"，《梦粱录》和《都城纪胜》中都提到过。

"懂了，各行从业者要配合行老，维护良好的经商环境，利己利人，共同进步。"

"是这个道理。"

"归根结底，还是因为我朝的经济制度比较人性化。生活在这个年代真好。"

是啊，宋朝是一个很可爱的朝代。

📖 小知识

1. 元代徐元瑞在《吏学指南》写道:"司县到任,体察奸细、盗贼,阴私谋害,不明公事,密问三姑六婆,茶房、酒肆、妓馆、食店、柜房、马牙、解库、银铺、旅店,各立行老……"意思是,官员到某一地方上任,不明白的事要找各行的行老了解。足以说明行老对所辖区域的熟悉程度。

2. 上文提到的各行行老聚会的茶馆,见《梦粱录》:"又有茶肆专是五奴打聚处,亦有诸行借工卖伎人会聚行老,谓之'市头'。"

3. 《梦粱录》记载:"且言城内外诸铺户,每户专凭行头于米市做价,径发米到各铺出粜。"意思是城内外各家米铺都要依靠行老在米市制定价格,然后把米发放到各米铺,按价出售。

水
运

货物太多，运输问题怎么解决

秋风寒凉，高家酒肆的生意却一如既往地红火，食客往来不断。

宋娘子今天原本想去逛街，临时改计划来了酒肆——高二郎让伙计回家送口信，说有事要出趟门，需要她来酒肆照看生意。

临出门前，高二郎叮嘱妻子："我会尽快回来。你别累着自己，有事就吩咐伙计去做吧。"

"放心吧。不过你这是要去哪儿呀，这么急？"

"隔壁街的孙老板你有印象吧，开米铺的那个。他爸突然生病了，他要回家照顾老人。但是码头有一船新米运到了米市，米市的人今天就会把米运到店里，得有人帮着收货算钱。他们店有个伙计刚回老家，现在只剩一个伙计看店，忙不过来。"

"哦哦，记得。孙老板的米铺很大呢，进货量应该不小。米市到的这一批货物应该有很多吧？海运还是河运？"

"河运，从湖州运过来，货量挺大。"

宋娘子点头，不再多说，让高二郎快去快回。

太阳快落山的时候，高二郎总算回来了，他对宋娘子说："孙老板这是把过年的米都囤了的节奏，我核对了好半天呢。之前就听他提过，江南水运方便，他可以一次性多订些货，省得来回折腾。"

"多亏了我们这儿水网密集，物流便捷。这要是换成用骡马运输，费时又费力。"

高二郎赞同："听说南渡以后选临安为都城，有部分原因是浙西运河的起点就在这儿，而且钱塘江连着海，无论是河运还是海运都非常便利。"

浙西运河即江南运河，是京杭大运河的南段。南宋临安城人口逾百万，粮食果蔬柴炭等日用品消耗量极大，仅靠临安本地产出是远远不够的。而临安的地理优势在于水网密集，各类用度都能从周边城市通过水路运过来。《梦粱录》中就提到，临安的大米主要依赖苏州、湖州、常州、嘉兴等地供给。

宋娘子听了高二郎的话，恍然大悟："难怪呢。我朝一向重视水运，听我二表哥说，南渡以前造船业和运输业就已经很发达了。只可惜汴京在北边，一到冬季，部分河段会有冰冻问题，影响船只出行，货物无法及时运过去。现在的临安就没这个问题，无论春夏秋冬，船只通行无阻，百姓所需的物品也能及时买到。"

"赵家二郎学识渊博，懂得多。上次他们来家里吃饭，我们也讨论过我朝的货运。"高二郎说，"像临安人口这么稠密的地方，各类货物运输量都很大，也只有水运能解决这个问题了。"

"是啊，平日里我们常用到的柴炭，常吃的柑橘和其他水果，大部分是从严州、婺州、衢州、徽州等地运来的呢。"

"不只货运，百姓出行也一样。如果前往苏州、湖州、常州这些水网交错的地方，一般都会坐船，比陆上交通工具方便很多，也快很多。"

说到这里，宋娘子突然想起什么，问高二郎："我朝是不是还有专门管理海运的部门?"

"有,叫市舶司。"

市舶司是宋朝管理海上贸易的机构。根据《宋史》记载,海上贸易所得税收是宋朝商业税收的重要组成部分。从朝廷设置专门的海运机构就能看出时人对海上贸易的重视,而且宋朝也是古代海上丝绸之路贸易的鼎盛时期。

高二郎又说:"商人去外地做买卖,尤其是去国外做买卖,大多是乘船入海的。但是海上多风浪,容易有危险。传闻说深海是神龙住的地方,若碰上神龙不高兴,顷刻间大雨如注,风浪滔天。我当年也动过去国外做生意的念头,被我爸妈劝阻了。"

"神龙只是传说啦,不过幸好你没去,出海危险倒是真的。所谓富贵险中求,风险和收入成正比。"

高二郎深以为然。

宋娘子问:"海上无边无际,那些商人出海,靠什么辨别方向?"

"太阳方位、星象。当然,最主要还是靠指南针。"

"哦对,差点忘了它,指南针可真是个伟大的发明。有了它,再也不会担心迷失在大海上了。"

二人正聊得起劲,有相熟的客人来找高二郎。高二郎赶紧忙生意去了。

📖 小知识

1. 《梦粱录》中记载:"若士庶欲往苏、湖、常、秀、江、淮等州,多雇舠船、舫船、航船、飞篷船等。"意思是,人们如果要去苏州、湖州等地,大多会选择坐船。

2. 南宋时期，浙江的船只往来各地做买卖很普遍，杭州百姓所需的柴炭、木植、柑橘等大多靠水运。见《梦粱录》："其浙江船只，虽海舰多有往来，则严、婺、衢、徽等船，多尝通津买卖往来，谓之'长船等只'，如杭城柴炭、木植、柑橘、干湿果子等物，多产于此数州耳。明、越、温、台海鲜鱼蟹鲞腊等货，亦上溯通于江、浙。"

3. 北宋时期，朝廷先后设提举市舶司于泉州、杭州、广州等地，管理海外贸易。见《宋史·职官七》："提举市舶司，掌蕃货、海舶、征榷、贸易之事，以来远人，通远物。元祐初，诏福建路于泉州置司。大观元年，复置浙、广、福建三路市舶提举官。"

4. 关于宋人在海上辨别方位的依据，《萍州可谈》中记载："舟师识地理，夜则观星，昼则观日，阴晦观指南针。"意思是航海的人懂地理知识，晚上观察星象，白天观察太阳，阴雨天看指南针。

造船这事儿，宋朝人是专业的

这个秋天天气多变，乍寒还暖，临安人才穿上长衫，温度又回升了。西湖边丹桂芬芳，日落时分经常能见到绚烂的红霞。宋娘子回茶坊探望家人，偶然邂逅了一场赏心悦目的火烧云。她迫不及待地托人给赵四娘子捎了个口信，约她一同游湖，赏日落。

第二天下午，赵四娘子让婢女租了一艘画舫，和表姐一起上了船，向湖中心行去。

傍晚的西湖有种别样的美，赵四娘子想到了老师刚教的一首苏轼的词，她念给了宋娘子听："凤凰山下雨初晴，水风清，晚霞明。一朵芙蕖，开过尚盈盈。何处飞来双白鹭，如有意，慕娉婷。"

"东坡先生的文字配上这西湖美景，真是相得益彰啊。"宋娘子感叹，"怪不得我朝文人都爱游湖呢，欣赏这样的风景，肯定能灵感爆棚，文思如泉涌。"

"风景美是先决条件，其次也得依赖于我朝优秀的造船技术呀。这湖上来往的船只，大多都非常精巧呢。"

"是呀，我朝重视水运，造船技术日新月异。前几天我们家高二郎还给我科普了水运知识，我感觉受益匪浅啊，真是不得不佩服人民的智慧。"

听到这话,赵四娘子想到了中秋节那会儿他们在钱塘江观潮的情景,朝廷水师的船舰那叫一个威武霸气!作为大宋子民,她感到十分骄傲。她指着前方的一艘画舫对表姐说:"看那艘船,多半是某个富豪在出游呢。船上雕梁画栋,轻纱珠帘,一看就是土豪标配。像这样的船,西湖上经常能看到。"

"你不说我都没注意呢,我们每次出来游湖,都能看到形形色色的船只。"

"而且这些船只都有名字,比如百花、十样锦、七宝、戗金、金狮子、何船、劣马儿、罗船、金胜、黄船、董船、刘船……"

除了赵四娘子提到的这些湖船,还有海舶、大舰、网艇等海船。每种船的作用都不一样,有朝廷水师的战船,商用的货运船,载人的客船,捕鱼的渔船……

宋朝的造船业如此发达,跟当时飞速发展的经济密不可分,有生意往来必然有物流配置。在运输需求的刺激下,造船技术和航海技术的发展是必然趋势。因而,两宋的绘画作品中经常能看到船的身影,画得非常精细,甚至连一根缆绳都不放过。

宋娘子对表妹提到的这些船非常神往,她家在西湖边开茶坊,平日里见到的船虽然不少,但她分不清哪种船是做什么的。她央着表妹再给她讲讲不同的船究竟有什么区别。

赵四娘子清了清嗓子,把她从大哥那儿听来的知识一一分享给表姐:"有一种车船,不需要船夫撑杆,上面有脚踏,只要踩脚踏,船就会前行,而且速度飞快。有一种御舟,是用香楠木制成的,雕刻得非常精巧。还有一种神奇的船叫乌龙,据说一旦撑着它出行,湖面上就会风浪大作。"

"乌龙？真的有这么神奇的船？"宋娘子本来想听科普小知识，没想到还被赠送了一个奇幻故事。

"哈哈哈，我也不知道，听说啦。"

既然已经聊到船了，姐妹俩出于好奇，开始观察湖面上的船只。有一些外观比较简单的，是做买卖的船，小商贩们撑着它们在湖上游走，里面出售的商品有汤羹、酒、蔬菜、水果点心等。一些载着唱曲卖艺人的叫作小脚船，艺人们在湖面上讨生活，期待着游人能花钱点一首曲子，让他们赚点生活费。还有一些大大小小的捕鱼船，生活中比较常见，叫作瓜皮船。

赵四娘子说："我大哥说他见过能载万石货物的大型货船呢，光是听他描述就觉得庞大无比。"

"有多大？比朝廷水军的战船还大吗？"

"不知道，希望有机会能亲眼见见。"

姐妹俩越聊越高兴，画舫也已经漂泊得很远。

不多时，太阳落山，晚霞如期而至，泼天的绚烂令人沉醉。西湖深秋最极致的美，大概也就是这样了。

📖 小知识

1. 宋朝的造船技术已经非常高超，《梦梁录》记载："杭州左江右湖，最为奇特，湖中大小船只，不下数百舫……皆精巧创造，雕栏画栱，行如平地。"上文所提到的各类船只，也都出自《梦梁录》。

2. 宋朝造船业发达，当时的绘画作品中随处可见大小船只，如《千里江山图》《西湖柳艇图》《清明上河图》《莲塘泛舟图》等。

3. 《都城纪胜》记载:"无论四时,常有游玩人赁假。舟中所须器物,一一毕备,但朝出登舟而饮,暮则径归,不劳余力,惟支费钱耳。"意思是,当时游人租船出行,船上所需的物品一应俱全。

4. 宋人张舜民在笔记中描述了当时载货量达万石的货运船,见《画墁集》:"丙戌观万石船,船形制圆短,如三间大屋,户出其背,中甚华饰,登降以梯级,非甚大风不行,钱载二千万贯,米载一万二千石。"

绘画艺术一

南宋鬼才画家多,不得不服

学校教室翻修,赵二郎和赵三郎喜提三天假期。赵三郎朋友多,早上就出门参加诗词歌赋专场会去了。赵二郎则在书房闭门不出,安心作画。画画是他平生一大爱好,除了品酒,无可比拟。

赵四娘子在院子里逛了一圈,觉得无趣,于是去书房找哥哥聊天。她进门的时候,赵二郎正在提笔作一幅山水画,由于太投入了,连妹妹的开门声都没听见。

赵四娘子不敢打扰赵二郎作画,安静地在一旁托腮看着。过了差不多半小时,赵二郎终于把画笔放在了笔架上。他对这幅画很满意,嘴角上扬。

"哥,你的画越来越赞了。"赵四娘子发自内心地夸奖他。

赵二郎这才发现旁边有人,他把画摊在一旁晾着,又从书架上拿了几个卷轴下来,对妹妹说:"这些都是我之前画的,正愁没人点评呢,你来帮我看看。"

赵四娘子求之不得,她一幅一幅地看过去,发现赵二郎擅长的绘画题材比她想象中的更多,有山水、珍禽、花草、仕女、民俗……

"哥,你这些画都是什么时候画的?竟然有这么多,而且每一幅都画得很好欸!怪不得宋大郎喜欢把你的画挂在茶坊。"

赵二郎被夸得有些不好意思:"平时闲下来就喜欢画,不知不觉画了这么多了。"

"你的画是跟谁学的?"

"班上有个同学的叔叔是画院待诏,教过我们一阵子。"

"难怪,我朝一向重视绘画艺术,能入选画院待诏的都是画工卓绝的人呢。"赵四娘子说,"从前的徽宗皇帝不就是位优秀的画家吗,他的《瑞鹤图》和《听琴图》可都是天下闻名的作品。"

赵二郎深以为然:"徽宗当皇帝虽然当得……咳咳。但他绝对是一位伟大的艺术家,在绘画方面我一向视他为偶像,他主政时的宣和画院也是我最向往的地方。可惜啊,山河不再,很难看到昔日宣和画院的辉煌了。"

宣和是宋徽宗的年号,宣和画院就是翰林图画院,是宋徽宗在位期间改革完善的,设有待诏、艺学、祗候、学生等职位,能够入职画院的都是当时在绘画艺术上有所成就的人。北宋宣和画院的著名画家有《清明上河图》的作者张择端、《千里江山图》的作者王希孟、《秋庭戏婴图》的作者苏汉臣等。

赵四娘子安慰哥哥:"别太伤感啦,太上皇不是已经重建画院了嘛。据说重建后的画院里有不少人是以前宣和画院的成员呢。"

"确实,苏汉臣、李唐等几位画家就曾在徽宗年间供职于宣和画院。"

赵二郎一提到画院,眼睛里就有光。赵四娘子猜到了哥哥的心思,问:"该不会……你也想考画院吧?"

"是有这个打算。如果能跟我的偶像们当同事,考太学、科举那些就都是浮云了,毕竟我爱画画多过搞文字工作。"赵二郎一脸神往,

"我喜欢李唐好多年了,他的《村医图》《采薇图》和《清溪渔隐图》我可是歆羡已久。咱爸的同事周大人家里就挂着李唐的亲笔画呢,羡慕!"

赵四娘子对"李唐"这个名字有所耳闻,他在徽宗时期就已成名,南渡后重新入职画院,还带出了一位优秀的徒弟——萧照。萧照代表画作有《山腰观楼图》《秋山红树图》等,他和他的师父李唐都曾获高宗皇帝赐金带。

赐金带是画院画师受到皇帝礼遇的象征,除了李唐师徒,南宋画院被赐金带的画家还有刘松年、马远、夏圭等。而李唐、刘松年、马远、夏圭又被称为"南宋四大家"。值得一提的是,马远他们家从曾祖父一辈开始,一家五代都供职于画院,完全称得上是绘画世家了。

除了以上这几位,历经光宗、宁宗、理宗三朝的画院待诏李嵩也是南宋赫赫有名的画家,有多幅传世名作,如《钱塘观潮图》《花篮图》《货郎图》等。但后世最为津津乐道的莫过于他的《骷髅幻戏图》。

赵四娘子听了赵二郎口中的绘画鬼才,以及他们的事迹,也非常神往,她坚定不移地支持哥哥考画院,希望不久的将来,赵家也能出一位优秀的画家,光耀门楣。

"加油,哥,你可以的!有朝一日你一定能考入画院。"

"好。那么你可以走了,我要继续悬梁刺股地画画了。"

赵四娘子:"……"

〔南宋〕李嵩《骷髅幻戏图》

📖 小知识

1. 《南宋院画录》中引《宝颜堂笔记》:"武林地有号'园前'者,宋画院故院址也。"意思是,南宋画院的旧址在武林门外的"园前"。据考证,"园前"大概位于今杭州望江门一带。

2. 高宗恢复画院制度后，南宋画院人才辈出，《南宋院画录》中引《钱塘县旧志》："宋南渡后粉饰太平，画院有待诏祗候，甲库修内司有祗应官，一时人物最盛。"
3. 关于"赐金带"，《宋史·舆服五》中记载："奉诏详定车服制度，请从三品以上服玉带，四品以上服金带……"这也意味着，赐金带等同于四品以上官职待遇。
4. 南宋四大家中，李唐的传世代表画作已在上文提到；刘松年的传世代表画作有《四景山水图》《天女献花图》等；马远的传世代表画作有《秋江渔隐图》《水图》等；夏圭的传世代表画作有《西湖柳艇图》《溪山清远图》等。
5. 《骷髅幻戏图》是李嵩所绘的扇面图，现藏于故宫博物院。

古人酷爱画画，一般画些啥

赵三郎参加完聚会回家，听赵四娘子说赵二郎一整天都待在书房里埋头作画，连晚饭都没出来吃。他很好奇：二哥这是突然从哪儿得到了灵感，居然要闭关作画？

"哥，在忙吗？给你送点吃的。"赵三郎去书房敲门。

"进来吧。"

得到应允，赵三郎端着点心进门，看见赵二郎正在给一幅人物图上色。画面上，几个孩童在树下玩耍，有的扑蝶，有的捉迷藏，充满了天真和童趣。

"不错啊哥，你画人物风俗画的画技愈发精湛了！"

赵二郎凝神思考着，总觉得这画缺了点什么。他扭头问赵三郎："我画过的所有画，你觉得哪一类最好？"

"都很好啊，我哥最厉害了！"

"好好说。"

赵三郎清了清嗓子："那可能还是山水画更胜一筹。不过你的人物风俗画就像我刚才说的，画得越来越好了，大有超越山水画的趋势。"

赵二郎很高兴，说："人物风俗画是我朝一大特色，很多画家都喜欢画。我喜欢的大画家李唐的那幅《村医图》就十分传神。希望有朝一日我也能有那样的技艺。"

"哥，你有没有发现，我朝画家所涉猎的题材范围越来越广了。以前的画家画人物最多，动物和山水也有，但是我朝画家的绘画主题就五花八门的，什么农田耕种啊，婴儿洗澡啊，货郎卖货啊，小贩斗茶啊，应有尽有。"

"没想到你观察得还挺仔细嘛，孺子可教也！"赵二郎赞同，"你说得对，流传下来的那些名画：要么服务于宗教，如寺庙壁画，神佛像、供养人像等，典型的有画圣吴道子的《八十七神仙卷》《地狱变相图》；要么服务于贵族，如仕女图、帝王图之类，典型的有阎立本的《历代帝王图》《步辇图》，周昉的《簪花仕女图》，张萱的《虢国夫人游春图》，等等。确实很少能见到描绘普通人生活的画。"

"对对，你说的这些画有不少临摹本，街市的摊子上还能买到盗版呢。认真淘一淘，说不定还能淘到一幅有几分神韵的。"

兄弟二人讨论了会儿历史名画，更加肯定了他们的判断：以前的画家真的很少画平民百姓的生活场景。

除去他们提到的这些，其他流传下来的名画有魏晋画家顾恺之的《洛神赋图》《女史箴图》，南唐画家顾闳中的《韩熙载夜宴图》，唐朝画家韩滉的《五牛图》，等等。而人物画和宗教画又是数量比较多的两类，尤其是宗教画，在各大寺庙都能见到。

北宋时期，山水画开始兴起，并且不再局限于彩绘，而是更倾向于写实的水墨风。如范宽的《溪山行旅图》、郭熙的《早春图》等。人物画方面，绘画对象也有了从贵族到平民的变化趋势，不再局限于帝王、仕女、后妃、命妇，普通百姓也开始走进历史画卷，其中最为著名的自然是张择端的《清明上河图》。

相较于北宋,南宋人物风俗画流传下来的更多,如李嵩的《货郎图》《骷髅幻戏图》,李唐的《村医图》,刘松年的《茗园赌市图》,等等。

赵三郎听得津津有味,表示:"有意思,太有意思了。画画还真是一门学问。"

〔南宋〕李嵩《货郎图》

"那可不，不然我为啥这么爱画画。"

"宋大郎的茶坊，高二郎的酒肆，还有其他相熟老板的商铺里都挂着你的画呢，据说客人们很喜欢。"说到这里，赵三郎突然想起了什么，"这么看来，画的用处也更广泛，更生活化了。以前的绘画作品，像寺庙壁画、屏风画、扇面画，还有富贵人家的挂画比较常见。我朝则不然，酒楼、茶肆、住宅，甚至街市上一些不起眼的小店里都挂着画呢。"

"画画就是给人看的，人民的才是世界的嘛。"

"有道理，我支持你继续深耕绘画。"

"画累了，走，我们出去散散步。"

兄弟俩聊得很开心，相约改天去寺庙转转，欣赏一下壁画。

小知识

1. 供养人像是指某些家族因宗教信仰而建造石像、石窟，并在石像附近或石窟墙壁上留下家族成员的肖像，这样的肖像称为供养人像。敦煌莫高窟内就有各家族的供养人像，比如《都督夫人礼佛图》就是唐朝太原王氏的供养人像。供养人像也属于壁画的一种。

2. 唐朝画家吴道子被称为画圣，擅长画壁画。《图画见闻志》中所说的"吴带当风，曹衣出水"，指的就是画圣吴道子和北齐画家曹仲达。

3. 宋朝不少画家都擅长人物风俗画，除了供职画院的画家外，还有很多无名氏的画作流传于世，如描绘伶人的《打花鼓图》，描绘妇人为婴儿沐浴的《浴婴图》，描绘杂剧剧情的《卖眼药图》，描绘迎傩仪式的《大傩图》，等等。

杂

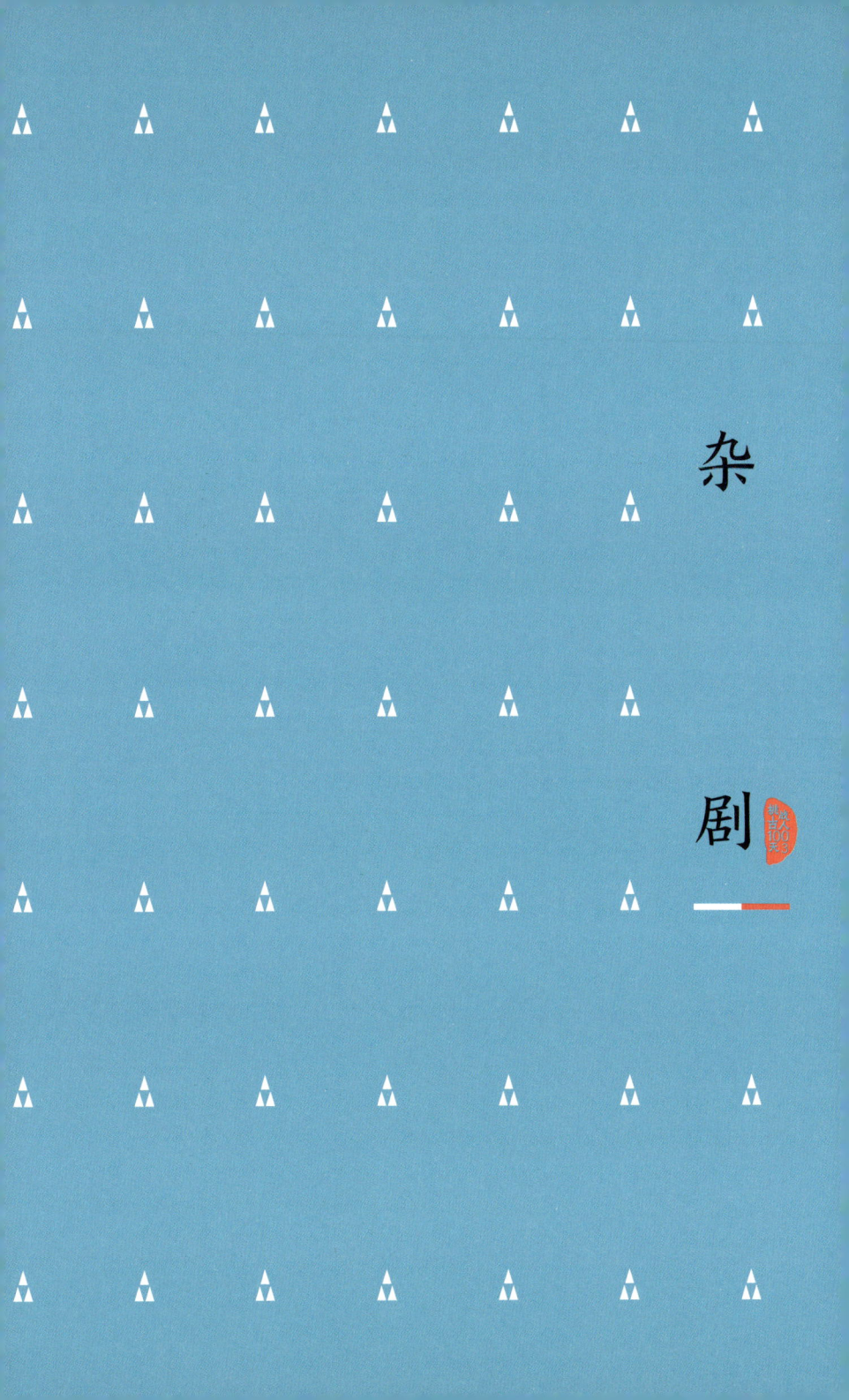

剧

没有电视电影怎么破——宋朝人看杂剧

假期最后一天,赵三郎决定好好利用时间,争分夺秒地吃喝玩乐,毕竟回学校他就只能哭着背课文了。因此他大清早起床去敲了刘郎君家的门,邀他去瓦舍看杂剧。瓦舍是当时汇集了各类演出节目的娱乐场所,又叫勾栏瓦舍。

刘郎君睡眼惺忪,打了个哈欠:"什么戏这么好看,要大清早起来?"

"杂剧啊,我朝最流行的杂剧!你不会没看过吧?"

刘郎君摇头:"没呢,我老家在小镇上,平日里除了帮我爸妈干活就是读书,没时间凑这个热闹。"

"那正好,咱们赶紧去瓦舍。"赵三郎拉着刘郎君就走,"杂剧是最受百姓欢迎的,去晚了可就买不到当天的票了。"

到了瓦舍,刘郎君的困意消散了些,人也精神了。他看见瓦舍门口人来人往,都是赶来买票的。赵三郎果然没骗他,临安人对杂剧的热情实在是高。趁着赵三郎去买票,他仔细观察了海报栏。

两宋时期，戏曲文化空前发展，勾栏瓦舍也应运而生。为了方便观众，瓦舍门口会张贴海报，上面写着当天演出节目的名字、表演者的名字、表演时间等。宋朝人管这种海报叫作"招子"。

刘郎君看了海报后，发现演出种类比他想象中的要多得多！除了赵三郎最上头的杂剧，还有皮影戏、傀儡戏、舞蹈、说史书、相扑等。其中又以杂剧演出剧目最多，看得出是真的很受百姓欢迎了。

〔南宋〕佚名《卖眼药图》

赵三郎排了好久的队，好不容易才买到了想看的节目的票。他很得意，对刘郎君说："最后两张票被我买到了，牛不牛！而且是最近很火的《眼药酸》哦。"

"这个名字有点耳熟，好像听同学提起过。我还以为是个话本故事呢，原来是杂剧啊。"

"还有一个小时才开场，我们先在附近找个地方吃早饭吧。"

两人在路边的食店点了不少吃的，有煎白肠、粉羹、五味肉粥等，都是当时百姓喜欢的早餐吃食。吃过饭，二人又四处逛了逛，用来打发时间和消食。

很快到了演出时间，赵三郎兴致勃勃地拉着刘郎君进场了。瓦舍里人多，他们差点被人流冲散，不过总算赶在演出开始前找到了表演《眼药酸》的场子。

赵三郎指着几个戴头巾的演员，对刘郎君说："看，那几位都是演杂剧的。"

"杂剧演员跟其他演员有什么不一样吗？"

"从服装打扮就能看出来。杂剧演员一般都裹头巾，很容易辨认。"

"怪不得瓦舍里戴头巾的表演艺人是最多的，杂剧果然是瓦舍的王牌节目。大早上就这么多人来看杂剧，我也是很震惊的。"

他们还没聊几句，节目就正式开场了。这是一个讽刺奸商卖假货的故事，演员演得很卖力，举手投足间都充斥着滑稽感，逗得观众们哄堂大笑。刘郎君第一次看到这么有意思的表演，忍不住全神贯注地盯着舞台。演出结束后，他仍意犹未尽，还沉浸在好玩的剧情里。

"长见识了，临安的杂剧真好看！"刘郎君央求赵三郎，"以后我们有时间多来瓦舍看表演吧，除了《眼药酸》，应该还有很多有意思的节目。"

"好啊,下次叫上我二哥一起。临安的杂剧节目多着呢,一天看一个都能看很久。"

"其他的节目也都和《眼药酸》一样好笑吗?"

"是啊,杂剧的精髓之一就是滑稽搞笑。我朝经济发达,各行各业都卷得很,大家压力很大,而看杂剧是个很好的解压方式。不仅普通百姓爱看,朝中官员,甚至天子都是杂剧的忠实观众。"

官员家中若是有聚会,会叫杂剧演员去家里表演。每逢重大节日,临安府的艺人还有机会去御前表演。不论是天子还是百姓,贵族还是平民,都对这项娱乐活动表现出了极大的喜爱之情。

📖 小知识

1. 宋朝杂剧的概念比较宽泛,包括滑稽表演、歌舞、杂耍、戏法等。其中又有延伸出的小杂剧,是以百姓日常生活为题材的滑稽戏。《东京梦华录》记载:"每日五更头回小杂剧,差晚看不及矣。"意思是,小杂剧每日五更天就开场,去晚了会错过好的节目。

2. 《梦粱录》记载:"杂剧部皆诨裹,余皆幞头、帽子。"意思是,杂剧部的演员戴诨裹(头巾),其余演员都戴幞头、帽子。南宋杂剧绘画《打花鼓图》中就有戴头巾的杂剧演员。

3. 《眼药酸》是宋代著名杂剧的名字,当时的人还为这部杂剧画了宣传页《眼药酸图》,又叫《卖眼药图》,现藏于故宫博物院。

4. 《梦粱录》记载:"绍兴年间,废教坊职名,如遇大朝会、圣节，御前排当及驾前导引奏乐，并拨临安府衙前乐人，属修内司教乐所集定姓名，以奉御前供应。"意思是，南宋绍兴年间，朝廷废除了教坊部，碰上大朝会、圣节等日子，临安府的艺人会被调派到御前表演。

杂剧有多"杂",怎么表演

刘郎君看完杂剧后心情很激动,回家跟爸妈绘声绘色地描述了一遍《眼药酸》的故事内容,把刘爸爸和刘妈妈逗得开怀大笑。

刘郎君说:"据说杂剧是现在临安城内最流行的演出,你们可能不信,瓦舍里黑压压全是人头!爸妈,下次我带你们去看吧,票价也不算高。"

刘爸爸有些舍不得,刘妈妈却说:"努力赚钱不就是为了享受嘛。我们大老远从乡下来到临安,如果连这最流行的节目都没看过,那多可惜啊!"

刘郎君附和:"老妈说得对,改天我们找个时间去看!"

刘爸爸被说服,点了点头。

随后刘郎君又给爸妈郑重地介绍了一下杂剧:"杂剧之所以叫'杂'剧,是因为内容很丰富,在一场杂剧中可能会出现戏曲、歌舞、杂技、滑稽戏等多种演出。所以啊,我觉得杂剧才是最能值回票价的演出!"

这令刘爸爸很意外:"还有歌舞?也就是说他们演着演着故事,还会忽然唱起来跳起来?这么兴奋的吗!"

刘爸爸这个理解，听着是不是有点熟悉？是不是有点像现在的印度电影？其实杂剧跟这个完全不一样，二者从表演模式上来说是有本质区别的。

刘郎君笑着摇头："不是这样的，爸，杂剧的故事部分和歌舞杂技是分开演的。我来给你系统地解释一下吧。"

杂剧中一般有四到五个角色，分别是末泥、引戏、副净、副末，有时候还会添加一个装孤。负责串联整个故事的叫末泥，是主角；负责解说和介绍剧情的叫作引戏，类似于现在的旁白；副净和副末则是负责搞笑的，一个插科打诨，一个配合着逗乐观众，两人一来一往，相辅相成，可以说是杂剧的灵魂人物了；装孤则是扮演官员的人物。

介绍完角色，刘郎君又说："杂剧演出分三部分：一开场，演员会先表演一段寻常熟事，比如歌舞小段、滑稽段子等，这一部分叫作'艳段'；然后开始进入主剧情，就是你所看的是一个什么样的故事，有什么戏剧冲突，这一部分叫作'两段'；尾声部分叫作'杂扮'，又叫'散段'，演员会表演自己擅长的技能，有时候是杂技、歌舞，有时候是滑稽戏。这三部分的内容没有直接关系，只是放在同一场演出而已。"

刘爸爸和刘妈妈听得很认真，生怕错过好玩的细节。

刘妈妈说："这临安城的杂剧好讲究，以前我只看过来村里表演百戏的艺人，他们的用具比较简单，在村口找个空旷的场所就能演出，有的人还带着儿女一起卖艺。据说他们收入很少，不过是糊口的小钱。有时候找不到合适的演出地点，甚至会好几天都没收入，唉。"

听了刘妈妈这番描述，刘郎君心情忽然变得沉重了。他以前在乡下也遇见过这样的流散艺人，他们的收入没什么保障，不像那些在瓦舍演出的演员，可以凭借观众的买票钱获得收入。但这些四处游走的民间艺人很受乡村百姓的喜爱。乡下人平日都在田间劳作,娱乐活动匮乏,偶尔有人来表演,对他们来说是难得的事。

刘妈妈见儿子表情沉重,赶紧说回主题:"对了,你刚才说杂剧故事经常会讽刺时事,甚至还会讽刺朝廷。不是说官员和皇帝也喜欢看杂剧吗?那他们看到这些,岂不是……"

"没事呢,他们不会介意的。杂剧的特色之一本来就是讽刺和劝谏啊,如果把这一精髓阉割掉,杂剧就失去灵魂了,大家也就不会那么喜欢了。"

"你说得对。"

"而且啊,听我的朋友赵三郎说,杂剧的劝谏还真有点用呢。徽宗年间,时局动荡,讽刺这儿讽刺那儿的杂剧有很多,徽宗皇帝其实心里都明白,也不会怪罪。"

"只要天子不介意就行。百姓也就图个乐。"

"介意就不会有现在的杂剧了。"

诚如刘郎君所说,宋朝的杂剧能发展起来,跟皇帝的喜爱有直接关系。毕竟,谁能比皇帝带来的流量更大呢?

跟爸妈交流完,刘郎君打了个哈欠,准备补觉去。为了看这一出杂剧,他可是没睡够呢。

📖 小知识

1. 宋朝的杂剧中一般有五个角色:末泥、引戏、副净、副末、装孤。见《都城纪胜》:"末泥色主张,引戏色分付,副净色发乔,副末色打诨,又或添一人装孤。"
2. 杂剧的两大特点,其一是滑稽好笑,其二是讽刺时事,含劝谏之意。即便是在皇帝面前表演，皇帝也不会生气。见《梦梁录》："大抵全以故事，务在滑稽唱念，应对通遍。此本是鉴戒，又隐于谏诤，故从便跣露，谓之'无过虫'耳。若欲驾前承应，亦无责罚。一时取圣颜笑。"
3. 《武林旧事》中记录了南宋几个杂剧演员的名字，有赵太、慢星子、王侯喜、宋邦宁等。
4. 关于杂剧中的尾声部分——杂扮，见《都城纪胜》："杂扮或名杂旺，又名纽元子，又名技和，乃杂剧之散段。"
5. 《梦梁录》记载："又有村落百戏之人，拖儿带女，就街坊桥巷，呈百戏使艺，求觅铺席宅舍钱酒之赀。"意思是，村里的百戏艺人会拖儿带女到处表演，赚点小钱。

小经纪

小人物大作用——宋朝的小商贩们

天气越来越冷,赵四娘子准备在入冬前给自己添置一些日用品。怪她平日里太爱剁手买买买了,房间里的东西多而杂,她让婢女们搞了个大扫除,把不用的东西丢掉。

收拾了半天,婢女把几样东西放在桌子上,让赵四娘子决定要扔还是要留:"这个团扇的柄不太好了,但是上面的画挺好看的;这个簪子上面镶嵌的珍珠掉下来了,可簪子又是姑娘你最喜欢的……"

赵四娘子很纠结,心想,喜欢的东西一旦坏了就像鸡肋啊,食之无味弃之可惜。

就在这时,赵夫人来找女儿一起逛街,她看到桌上的团扇,问:"马上冬至了,你拿扇子出来干吗?"

赵四娘子说完原委,赵夫人表示小意思啦,很好解决。她笑笑说:"正想让你陪我逛街去呢,咱们顺便找人补一下你的扇子和簪子不就行了吗。"

"还有专门修补这些小玩意儿的人?"

"当然。咱们生活的地方是临安,临安城最不缺的是什么你知道吗?小经纪!"

宋朝人把小买卖称为小经纪，指的是小本经营的生意，从业者包括小商贩、手工业者、小型服务行业人员和一些卖零散杂货的人。

北宋就已经有很多小经纪从业者存在，比如卖小吃的、修帽子的、换扇子柄的、卖炭团的等等，《清明上河图》中就画了不少汴京的小经纪从业者。到了南宋，小经纪的种类愈发繁多，还出现了一些听起来很有意思的活儿，比如卖游戏纸牌，卖假发，卖捕鸟的竹竿，卖虫蚁笼子，给猫狗做美容……

赵四娘子听了，觉得甚是有趣："我们临安城还有这么丰富的小经纪呢！有些我知道，有些从来没听过。"

"我个人觉得最有趣的是选官图，哈哈。"

"那是什么高级玩意儿？"

赵夫人忍着笑说："一张图上列了各种官名，可以掷骰子决定当什么官，是升官还是降职。"

赵四娘子笑喷："还有这么好玩的东西呢！这可比叶子戏有意思，改天我也搞个选官图试试，看我下辈子能不能弄个官当当。"

"你够了啊，别淘气。"赵夫人又说，"其实临安有很多小经纪从业者都是为官员服务的呢，除了我刚说的卖选官图的，还有卖记录在朝官员姓名册子的，卖朝廷发布新闻的'朝报'的，等等。也有为你哥哥他们这些学生服务的，比如卖科举考试用的那些交床试篮的，卖随身做笔记用的掌记册儿的，卖记录科考录取人员名字的书册的。不过我感觉最多的还是为小朋友服务的，满大街都是卖玩具、糖果的货郎。"

赵四娘子笑问："那有没有为我们这种闺阁美女服务的小经纪从业者呀？"

"有啊，换扇柄、补簪子的，不就是吗！还有卖小首饰的，像什么胭脂口红、香膏、假发……他们那儿应有尽有。"

"问题又来了,有没有专为你们这种贵妇服务的小经纪从业者?"

"当然也有。你是十万个为什么吗?我们先去逛街吧,晚点再说别的。"赵夫人说,"我要带我的小猫去洗个澡,做个美容,再给它买点小鱼干。"

赵夫人养了一只猫,特别宠爱它,隔一阵子就会带它出去洗澡、做美容。临安城内有不少这种专门给宠物做美容的店,南宋人管这个活叫"改猫犬"。自然,也有卖猫粮狗粮的,甚至还有卖虫蚁食的,服务一条龙,十分人性化。

赵四娘子点头:"好的老妈,等我一下,我换身衣服就跟你去。"

好不容易出门一趟,赵四娘子准备采购一番,给大哥买个砚台,给二哥买画笔和颜料,给三哥买些香丸,再给表姐宋娘子买几样好看的小首饰……小经纪发达的好处就是,百姓想买什么都能买到。这些名不见经传的小经纪从业者遍布临安城的每个角落,给大家提供了不少方便。

小知识

1. 文中提到的各类小经纪皆出自《东京梦华录》《梦粱录》《武林旧事》等古籍。

2. 北宋汴京城的小经纪,如《东京梦华录》记载:"……日供打香印者,则管定铺席人家牌额,时节即印施佛像等。其供人家打水者,各有地分坊巷,以有使漆、打钗环、荷大斧斫柴、换扇子柄、供香饼子、炭团,夏月则有洗毡淘井者,举意皆在目前。"

3. 南宋临安城的小经纪，如《梦粱录》记载："若欲唤锢路钉铰、修补锅铫、箍桶、修鞋、修幞头帽子、补修鱿冠、接梳儿、染红绿牙梳、穿结珠子、修洗鹿胎冠子、修磨刀翦、磨镜，时时有盘街者，便可唤之。"

4. 《武林旧事》载："若夫儿戏之物，名件甚多，尤不可悉数，如相银杏、猜糖、吹叫儿、打娇惜、千千车、轮盘儿……"大致意思是，小商贩所出售的儿童用品有很多种，比如相银杏、猜糖等。这里提到的"打娇惜"是一种类似陀螺的玩具。

假如穿越回南宋，谋生其实并不难

刘郎君放学回家，被他妈派发了个活儿：家里的锅坏了，找个地方补好它。刘郎君虽然搬来临安大半年了，但平日里都在忙学业，对附近哪儿能做这种手工活儿完全不了解。他抱着试试的态度，去巷子口打听了一番，没想到附近真有会补锅的人！

刘郎君拿着补好的锅回家，开心地对爸妈说："临安这样的大城市真是方便，这要是在我们老家，估计得走好远的路去镇上才能找到补锅师傅。"

刘妈妈说："我也是这样想的。前几天下雨，房顶漏水了，我轻易就在附近找到了补漏师傅，简直太方便了。我们老家会这个活儿的人少，还得去镇上找人。"

说完，刘妈妈把锅洗了，准备做晚饭。她一边洗菜一边笑呵呵地对刘郎君说："也正是因为临安的小经纪发达，我们一搬来就有收入了，没有太长的过渡期，丝滑融入新生活！"

诚如刘妈妈所说，临安城小经纪种类繁多，几乎涉及生活的各个领域，给很多进城谋生的百姓提供了就业机会。刘家人刚搬来的时候，刘爸爸和刘妈妈去作坊进货卖货，短时间内就有了一笔收入，虽然不算多，但足够他们过日子了。他们又动用了一些以前在老家攒下的积蓄，盘下了一个小铺子，现在生活过得挺不错。

"而且啊，你爸最近还多了个业务呢。"刘妈妈喜滋滋地说，"他以前在老家学过竹器活儿，当时是为了方便自家，编个箩筐什么的，没想到这在临安城是一门很受欢迎的手艺！住对面街的周妈妈找他箍了一次桶之后，逢人就夸他手艺好，所以最近老有人找他干活儿。有时候找来的活儿多，一天的酬金都快赶上我们开店的日营业额了。"

"那可太好了，手艺就是饭碗啊！"

一家人聊得正开心，赵家的仆从来找刘郎君，说赵三郎喊他一起吃晚饭。刘郎君有些犹豫了，刘妈妈说："你快去吧，好不容易在临安城落脚，得多交些朋友才是。"

刘郎君觉得这话很有道理，于是跟着仆从去了赵家。

晚饭后，赵三郎拿了毛笔和砚台送给刘郎君，又递给他几本书："我妹昨天逛街去了，给大家都买了些了小礼物。听说你爱看书，就挑了几本。"

刘郎君收下书，向赵四娘子道谢。赵四娘子摆摆手："小意思啦，几本书而已。你学习成绩好，等将来科举上榜，苟富贵勿相忘啊。"

"哈哈，不敢忘不敢忘。让你破费啦，竟然给每个朋友都买了小礼物。"

"都不贵，小心意啦。大街上好吃好玩的太多了，简直琳琅满目，叫人眼花缭乱。"

赵三郎说："那是自然，临安的小经纪不是盖的！都说只要会一门手艺，在临安就饿不死。"

"哪怕是我们有一天被老爸老妈扫地出门，我是说假如哈，"赵二郎说，"那也能凭本事在临安混口饭吃。"

赵三郎点头："对对，二哥你说得没错。比如我吧，我文采好，可以去大街上摆摊帮人写信、抄书。大哥就更不用说了，以他的知识储备量，当个私塾先生就跟玩儿似的！"

"那我可以去卖画，我画画不错。我还可以去当酿酒师，毕竟我对酒的研究很深呢。"

刘郎君想了想，说："我们老师说我字写得不错，我可以帮人写匾额。而且我下棋下得好，也可以去教人弈棋。"

赵四娘子跟着凑热闹："我绣花手艺好，可以去当个绣娘，或者去卖绣品。对了，昨天我陪妈妈去给猫咪做美容，这活儿看着也没什么难度，我觉得我可以试试，哈哈哈。"

一聊到有意思的话题，大家的话匣子瞬间打开，一片欢声笑语，完全停不下来。

小知识

1. 上文提到的补锅、箍桶、打竹器、补漏、写匾额等，都在《武林旧事》和《梦粱录》中有提及。其中《武林旧事·小经纪》一文中记录了近180种小经纪。

2. 《武林旧事·小经纪》载："……每一事率数十人，各专藉以为衣食之地，皆他处之所无也。"大致意思是，临安的每一种小经纪都有数十人从事，每个人都凭借自己的一技之长谋生。

3. 《梦粱录·诸色杂卖》一文总结了小经纪的几个类别，比如做修补工作的、卖生活用品的、卖学习用品的、挑担子卖各类鱼虾的、一年四季卖鲜花的、卖小儿玩具的、通渠除污的……

4. 李嵩《货郎图》所绘的四处行走卖东西的货郎，也属于小经纪从业者。

冬

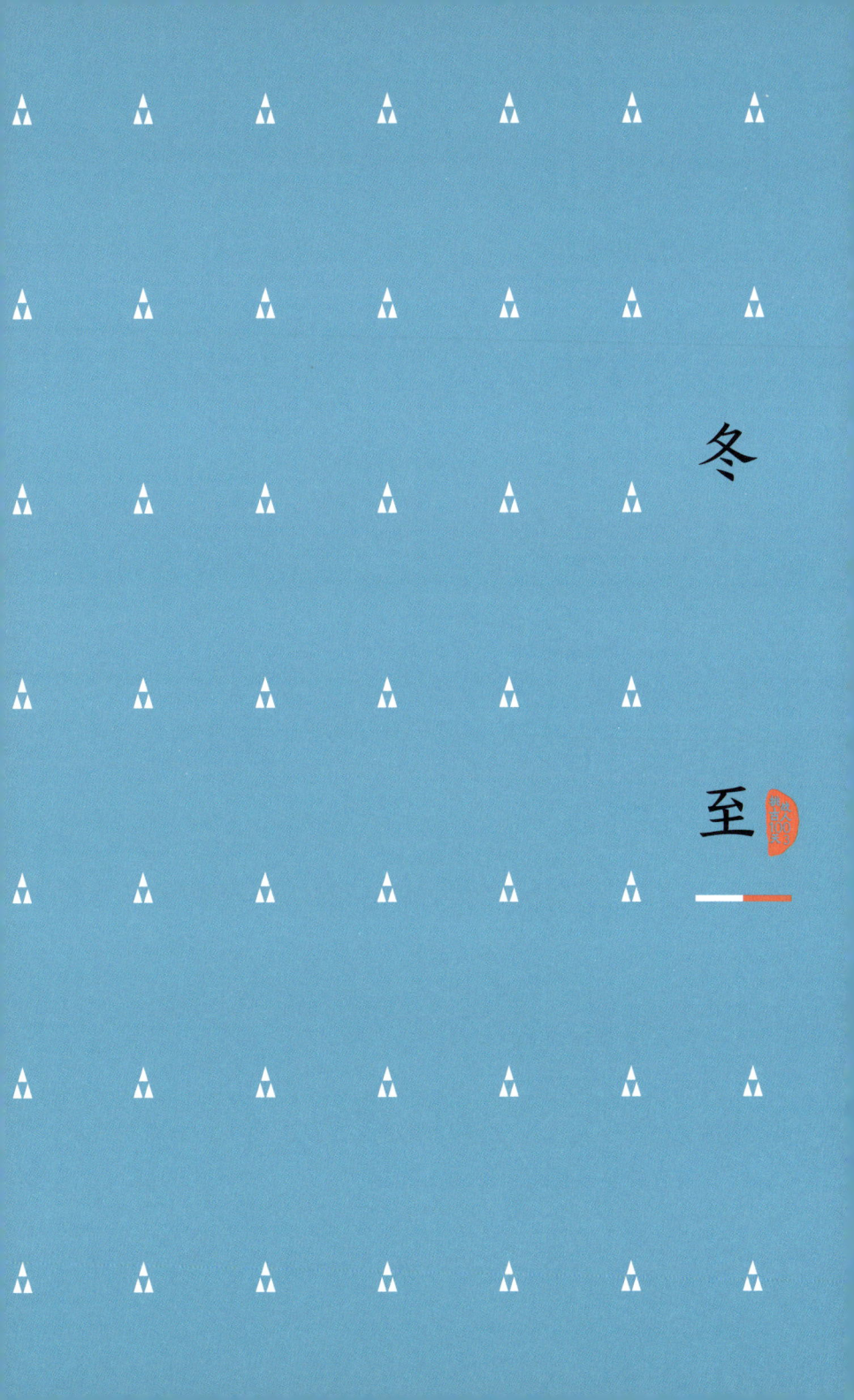

至

是节气，也是法定节假日

因天气寒冷，赵四娘子已经开始在家猫冬了，非必要不出门。这一天，她正守着暖炉绣花，婢女过来提醒她，新衣服送来了，让她试试合不合适。

赵四娘子愣了愣："什么新衣服？"

"姑娘你忘了吗？马上就是冬至了，你之前为了迎接冬至和夫人一起定做的新衣服啊。"

赵四娘子猛然想起，对哦，还有两天就是冬至了！这么大的节日她竟然给忘了，太不应该了！估计是冬天天气寒冷，脑子也转得比较慢吧。

在宋朝，冬至和寒食、春节并列为三大传统节日，也是放假最多的节日之一。北宋冬至放七天假，南宋虽然假期时间缩水了，但也有五天。放假时间长，意味着这个节日很重要，百姓们自然是要好好庆祝一下的。宋朝人对冬至的重视程度一点都不比新年弱，各项活动基本是按照春节标配来的。春节前一天叫除夕，除夕晚上大家要守岁，冬至前一天叫冬除，冬除晚上大家则会"守冬"，民间有"守冬爷长命，守岁娘长命"的说法。

为了迎接冬至的到来，赵四娘子这么爱美的姑娘当然是要准备新衣服的。她早就和朋友们相约，冬至当天务必都要打扮得美美的，去街市凑热闹。

赵四娘子试了试衣服，表示很满意。想到马上要放冬至假了，临安城各大店铺会歇业三天，她觉得有必要再去采购一些东西，以备不时之需。

在婢女的陪同下，赵四娘子去街上买了搭配新衣服用的绣花鞋、首饰、香囊，还有准备在过节期间享用的各类糕点小吃。在满足自己的同时，她没有忘记家人和朋友们，为他们一一准备了礼物。依照宋朝习俗，冬至这一天，亲友之间是要互相送礼的。每年冬至来临前，赵四娘子都会买上一大堆东西，尽管爸妈也会为他们准备，但是对待好朋友，自己亲自挑选的礼物总归不一样。

冬至前夕，赵四娘子的爸爸赵大人开始休假，她的三个哥哥也从繁忙的学业中解放了。一年之中，一家人能够聚在一起的日子也就这么几个大型节假日，赵四娘子格外珍惜。

用过晚饭，赵四娘子跟家人一起守冬，大家围着暖炉吃点心、喝饮料、聊天、玩游戏，其乐融融。

赵郎君说："太学的制度比较严格，我想念大家却又不好意思老请假，早就盼着这一天了。"

"我也是，我可想你了，哥！"赵四娘子说，"难得你们不用上课，老爸也不用上班，明天我们还能一起出去玩。每年冬至，大街上的人都穿得可好看了，连路过的车马都是华丽奢靡的，我就喜欢凑这样的热闹。"

赵奶奶说："南渡以前，汴京的冬至更热闹呢。而且每隔三年，天子会在南郊举行盛大的祭祀典礼，汴京的百姓都会去围观，一睹天颜。我在很小的时候曾亲眼见过南郊祭祀的盛况,那场面至今难忘。可惜啊,那些都一去不复返了。"

"奶奶,大过节的您就别太伤感啦。现在有我们大家陪着您一起过冬至,也是很幸福的。"

"你说得对,人要朝前看!"赵奶奶说,"明天是上香的正日子,你们谁陪我去啊?"

兄妹四人不约而同都说去。赵夫人也说要一起去。赵奶奶很欣慰,嗔怪儿子:"就你是大忙人,从不陪我去烧香。"

赵大人叫屈:"冤枉啊老妈!你是知道的,明天有大朝会,我得去朝见天子。这样的日子我可不敢怠慢。"

"知道你忙。行了,有这么多人陪我,不差你一个。"

赵大人对子女们说:"明天岳王祠和城隍庙的香客很多,人来人往的,你们记得看顾好奶奶,别让她磕着碰着啊。"

"知道知道,老爸你就放心吧。"赵四娘子说,"每年冬至我都会陪着奶奶去上香,有经验得很!"

一家人团聚的日子里,时间总是过得很快。不知不觉中,新的一天就要来了。

守冬结束,赵四娘子准备赶紧洗漱更衣了,她还要陪奶奶去上香呢。

📖 小知识

1. 冬至是二十四节气之一,也是中国的传统节日。自周朝起,古人就有冬至祭祀的习俗,《周礼》记载:"以冬日至,致天神人鬼。"

2. 北宋时期，汴京百姓十分重视冬至，哪怕再贫困的人也会想办法借钱置办新衣服和食物，和家人一起过节，祭祀先祖。《东京梦华录》记载："十一月冬至。京师最重此节，虽至贫者，一年之间，积累假借，至此日更易新衣，备办饮食，享祀先祖。官放关扑，庆贺往来，一如年节。"

3. 南宋时期，为了庆祝冬至，街上的店铺会关闭三天，大家在家宴饮游戏，叫"做节"。见《武林旧事》："三日之内，店肆皆罢市，垂帘饮博，谓之'做节'。"

4. 《醉翁谈录》记载："俗谚有'肥冬瘦年'之语，盖谓冬至人多馈遗，除夜则不然也。"大致意思是，宋朝有"肥冬瘦年"的谚语，因为人们重视冬至，会互相赠送很多礼物，除夕送的礼就没那么多了。

冬至吃汤圆还是饺子？南宋人选择吃馄饨

赵四娘子在婢女的帮助下洗漱完毕，换了新衣，还化了一个美美的妆。这么一通收拾，她的困意差不多消失了一半。当她华丽丽地出现在客厅，她发现其他人全都在那儿了，就等着她吃早餐呢。

冬至节日里，赵家的早餐十分丰盛，除了平时经常吃的粥食点心，还有一样最重要的食物——馄饨。

没错，宋朝人冬至必吃的不是汤圆，也不是饺子，而是馄饨！《岁时广记》引《岁时杂记》记载："京师人家，冬至多食馄饨，故有'冬馄饨，年馎饦'之说。"吃一碗冬至馄饨，对宋朝人来说，意味着新的一年就要开始了。

赵家是官宦人家，生活条件十分不错，厨师准备的馄饨种类也多，不同颜色，不同口味，讲究的就是新鲜、猎奇、有特色。

赵三郎尝了一个馄饨，称赞："这馄饨真好吃，给咱们家的厨师点赞。老妈，记得给厨师发红包哦。"

馄饨也是赵四娘子的爱，她依次吃了几个不同颜色的，就像开盲盒一样，不同的味道有不同的体验。她说："我朝人民冬至吃馄饨，过年吃汤饼，也是挺讲究哈。不过按照我个人的口味，馄饨比汤饼好吃多了。"

汤饼不是我们现在认为的饼类食物，而是一种水煮面食，类似于面片汤。虽然赵四娘子不爱吃，但赵家兄弟们都觉得汤饼味道不错，每年过年他们都能吃不少。

吃完早饭，下一个就是赵四娘子最期待的环节了——分发礼物。她让婢女把她为家人准备的礼物拿出来，一一送给大家。自然，她也收到了来自长辈和哥哥的礼物。这一大家子，属她年纪最小，收到的礼物也最多。赵大人一大早去参加大朝会了，没法亲自给家人送礼物，他让赵夫人转交，并且附赠子女们每人一个大红包。

"有钱收真开心。"赵四娘子把红包收起来，心里美滋滋的。

赵三郎提醒大家："我们该去给刘郎君送礼物了。这是他搬来临安的第一个冬至，让他感受一下我们临安人民的热情。"

他的话刚说完，有仆从来报，说刘郎君来了。

"看看人家的情商，居然先到了。"赵四娘子笑嘻嘻地说。

刘郎君带着一身寒气进屋，笑容却是温暖的："大家冬至快乐呀。我准备了些小礼物，希望大家不要嫌弃。"他拿出礼物，一一分享。刘家经济条件一般，但是能看出来，他把他能拿出的最好的东西都带来了。

赵二郎感动："这也太叫你破费啦，随便带些家里做的吃食点心来就行了。"

"你们平日里那么照顾我，我当然要尽心呀！"

"好朋友，有来有往嘛。来看看，我们也给你准备了礼物。"

赵四娘子最先拿出礼物送给刘郎君。那是她前几日在街上挑的一个香炉，还有一瓶上好的香丸。宋朝人爱焚香，刘郎君是读书人，他对这种雅致的事自然是有兴趣的。

其他人也纷纷拿出礼物。大家一边分享礼物，一边表达对彼此最真挚美好的祝福。

时间一点点过去，婢女让人备好了轿子，提醒赵四娘子，该陪赵奶奶上香去了。

"哦对，聊得太开心了，差点忘了正事！"赵四娘子把收到的礼物交给婢女，赶紧找奶奶去了。

从赵家到城隍庙并不远，奈何冬至的大街上太堵了！商铺虽不开门，但架不住车马多、行人多啊！他们花了比平时多一倍的时间才抵达城隍庙。

一下轿子，赵四娘子露出一切尽在意料之中的表情："果然，我早就猜到了，今天的城隍庙肯定人山人海。"

赵三郎说："正常，初一、十五烧香也得排队。"

"初一、十五可没这么多人，今天感觉全临安城的人都来了。"

"好了，别抱怨了。我们先进去吧，再过一会儿人更多了。"赵郎君说完，去扶赵奶奶，"奶奶小心脚下，别滑着。"

赵四娘子觉得大哥说得有道理，不敢再抱怨，搀扶着奶奶进了城隍庙大门。所谓心诚则灵，拜神一定要静心、虔诚，人多就多吧，大不了多等会儿。今天可是个喜庆的日子，做什么事都是快乐的。等烧完香，他们还要去街上玩呢！

他们刚进城隍庙，天上飘起了一片一片的雪花。雪至春信至，过了冬至，新年就要到来了。

📖 小知识

1. 冬至放假的习俗自汉朝就有,《后汉书》记载:"冬至前后,君子安身静体,百官绝事,不听政,择吉辰而后省事。"大致意思是,冬至前后,朝廷放假,官员们不用上朝,皇帝不用处理政务。

2. 南宋百姓冬至吃馄饨、过年吃汤饼的习俗,见《武林旧事》:"享先则以馄饨,有'冬馄饨,年馎饦'之谚。贵家求奇,一器凡十余色,谓之'百味馄饨'。"这里的"馎饦"指的就是汤饼。富贵人家的一盘馄饨可能会有十几种颜色,叫作"百味馄饨"。

3. 冬至当天,朝廷举行大朝会,庆祝冬至的车马都装饰得华丽奢靡,大街上五更天就已经很拥挤了。妇人和小孩穿着色彩鲜艳的新衣服,人来人往,热闹非凡。见《武林旧事》:"朝廷大朝会庆贺排当,并如元正仪,而都人最重一阳,贺冬车马,皆华整鲜好,五鼓已填拥杂遝于九街。妇人小儿,服饰华炫,往来如云。"

4. 杭州习俗,冬至节日里,大家会互相赠送礼物,见《梦粱录》:"大抵杭都风俗,举行典礼,四方则之为师,最是冬至岁节,士庶所重,如馈送节仪,及举杯相庆,祭享宗禋,加于常节。"

免租日

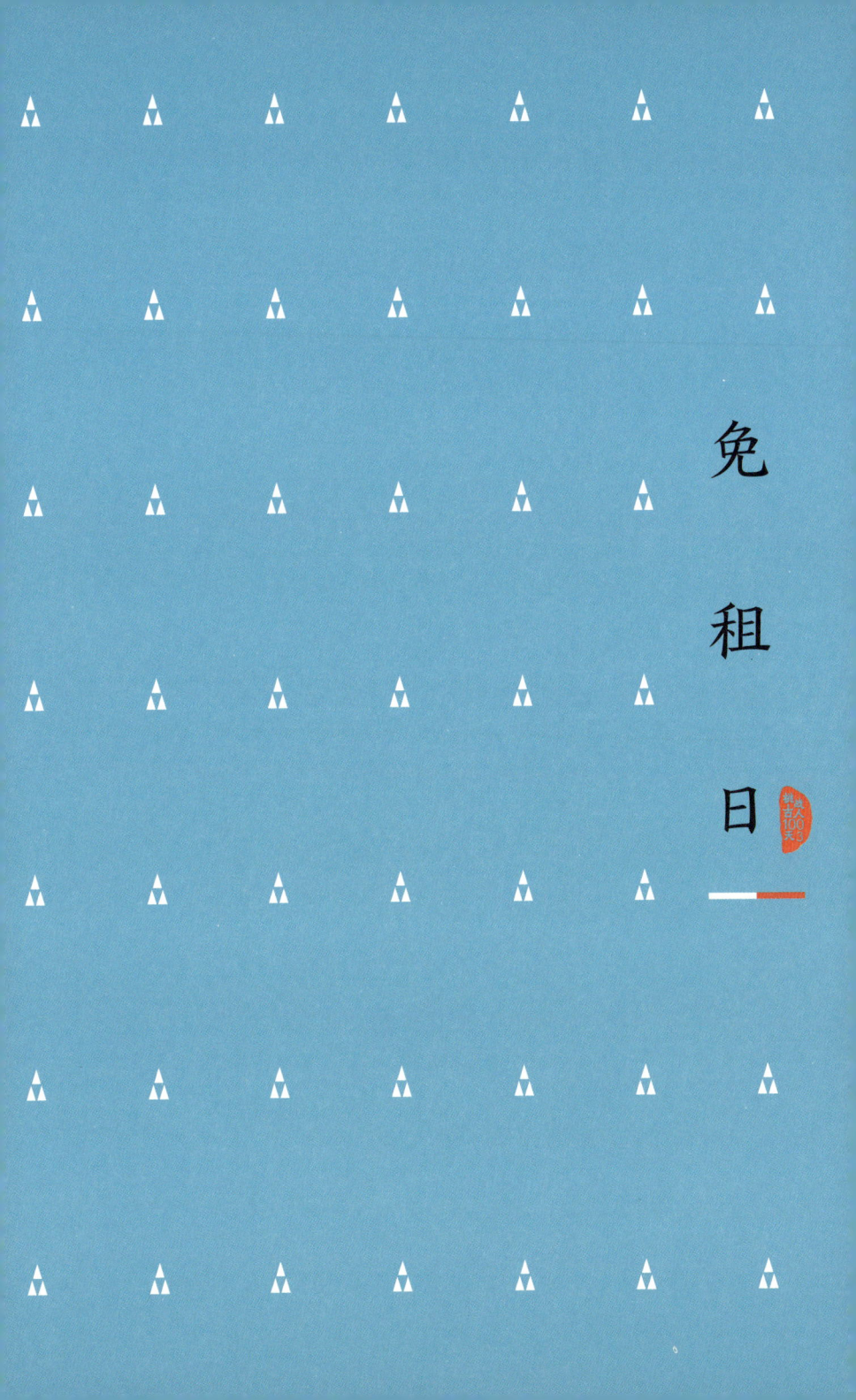

快乐起飞，官府又通知免房租了

冬至过后，商铺恢复了营业，但假期还没结束。赵三郎闲来无事，约赵二郎去夜市吃夜宵。赵二郎沉迷于画画，婉拒了。赵三郎又去约赵四娘子，赵四娘子怕冷，内心是拒绝的，赵三郎好说歹说才把她拉出了家门。

"就我们俩，没意思，要不我去喊刘郎君一起吧。"赵三郎说，"我最近心情好，想小酌几杯，你酒量太差了。"

"又想喊我陪你玩，又嫌弃我酒量，你可真难伺候。"赵四娘子嗤之以鼻，"算了，趁着假期没结束，尽情玩吧你们。"

兄妹二人去了刘家，开门的是刘妈妈，她热情地把二人请到屋内。客厅里点了灯，刘郎君坐在灯前，正认真地算账，手边还放着一架算盘。

"这是在算什么呢？这么认真！"

刘郎君抬头看见赵三郎和赵四娘子，笑着说："没什么，这不马上要交房租了嘛，我算一下最近店铺的收入、家用支出，看能攒下多少钱。"

"听说临安的房租不便宜？"赵四娘子发问。几十年前，她爷爷初来临安时也是租房子住，后来逐渐有了些积蓄，就买了现在住的宅子。爷爷跟她提过，不论是曾经的汴京还是现在的临安，都是人口流动量最大的城市，房租不便宜。

刘郎君说："民租房价格会高一些，我们现在住的是公租房，不算太贵。"

自北宋起，由于京城人口密集，朝廷为解决百姓住房问题，制定了公租房政策。到了南宋，大量北方百姓涌入杭州，租房需求量更大，房产行业也更加发达。因此，宋朝有专门管理官方房产的机构，叫楼店务，也叫店宅务。

"公租房是朝廷给我们'杭漂'人员的福利，每逢节日还能免租金，政策相当好呢。"刘郎君说，"对了，冬至就可以免三天房租。"

赵四娘子觉得新奇："原来冬至不仅商铺关门休息三天，房租还能免三天？"

"对啊，节日免房租的政策，在很久之前的真宗年间就有了。你们官宦人家没有租房需求，不知道也正常，我们可是时刻关注这些的。"

"除了冬至，还有哪些节日能免租？"

刘郎君记不太清了。不过没关系，他都记在小本本上了。他翻开本子，一一念给赵家兄妹听："正月新年，官府免除三天公私房租；元宵节，政府免除三天公私房租。四月上旬，天子前往景灵宫行孟夏礼，凡是圣驾经过的地方，官府免除三天公私房租，可惜啊，这一点我们家不符合，不在这条路线上。"

赵三郎说："有意思，圣驾经过，百姓不仅能围观看热闹，还有机会免三天房租。真希望皇帝能多出来逛逛，造福百姓。"

"也不是每次圣驾出门都有减免，得分情况。"刘郎君说，"立冬过后，如果有瑞雪降临，朝廷会发雪寒钱给军民，还会免除一部分公私房租，以表抚恤。总之，朝廷的福利政策还是很多的。"

"我懂了，凡是朝廷觉得重要的日子，都会免除三天房租对吧？"

"哈哈哈，这么说也没错。节日类的差不多就是我刚说的这些，不过朝廷为了防止民租房的房东们随意涨价，制定了不少限制房租的政策，这对我们租房住的百姓来说非常重要。这些政策在南渡以前就有，一直延续到现在。"

据《建炎以来系年要录》记载，宋高宗曾下令，不论公租房还是民租房，房租一律调整到原来的一半。《宋史》也有记载，宋孝宗和宋宁宗都颁布过诏令，各地房租减免三分之一。

赵四娘子又问："为什么各朝皇帝都要调控房租？是为了维护百姓利益？"

"一半一半吧。维护百姓利益是自然的，其次也是为了天下安定。如果各地房租疯涨，运气不好点，再碰上个自然灾害什么的，多少百姓会流离失所啊！如此一来，社会岂不是就乱套了？"

"有道理。治理国家真的是一门大学问呢，不仅要管天下大事，就连百姓每个月交多少房租这样的小事也得实时关注。"

"对朝廷而言，百姓身上无小事。除了日常减免房租，我朝还有专门的福利机构，收留无家可归的人。"

"真好，生活在我朝真是件幸福的事。"赵四娘子很骄傲，"生活在都城临安则是一件更幸福的事！"

📖 小知识

1. 宋真宗大中祥符年间，曾颁布过一条节日免租的诏令，即冬至、元旦、寒食三个节日，各免三天房租，这也是宋朝节日免租的开始，之后逐渐形成惯例。见《事物纪原》："（大中祥符）七年二月，诏：贫民住官舍者，遇冬、正、寒食，免僦直三日。此节日放免之始也。"

2. 上文提到官府免除公私房租的节日，均出自《梦粱录》。

3. 《武林旧事》记载："若住屋，则动蠲公私房赁，或终岁不偿一镪。诸务税息，亦多蠲放，有连年不收一孔者，皆朝廷自行抱认。"大致意思是，如果是租房子，官府会经常免除公私房租，有的人一整年都不用交一个铜板的房租钱，官府经常减免税收，有时候整年都不征收一个铜钱，都由朝廷自行承担。

除了节日,还有什么时候能免租

经过三天的休养生息,夜市更热闹了,人流量丝毫没有因为天气冷而减少。大概因为快过年了,整个临安城都沉浸在欢乐的气氛中。

赵家兄妹和刘郎君去了平日经常光顾的一家小食店,店里的伙计张三认识他们,很热情地迎上来为大家服务。赵三郎肚子饿,一口气点了羊脂韭饼、杏仁膏、金铤裹蒸儿、清汁田螺羹、香辣罐肺、细粉科头、姜虾等美食。

赵四娘子震惊了,忙制止赵三郎:"好了,够了啦。别点太多,不然吃不完。"

赵三郎只好作罢,又让张三去对面卖酒的小馆子里给他们要一壶蓬莱春酒。

"我妹酒量不好,老刘,你陪我喝点吧。"

"小酌可以,哈哈,我的酒量也就那么回事。"

不一会儿,张三买酒回来了。他给大家倒了酒,又端来一份罐里爊鸡丝粉,说是老板送的。

"冬至刚减免了三天房租,老板高兴,所有回头客都可以送一份小吃。这道罐里爊鸡丝粉是我们家的招牌,大家可以尝尝。"

居然还免费送小吃！赵四娘子心想，幸好赵三郎没有继续点菜，不然今晚绝对吃不了"兜着走"。

"免租真好，还惠泽我们食客呀。"赵三郎说。

刘郎君也是免租的受益者，对此感同身受："朝廷时不时有免租政策，居民和商户都高兴，也是生活在我朝的人民的幸运啊。"

张三说："是呀。我们老板租这栋小楼很久了，他们一家三口住在楼上，把楼下的客厅改成了铺面。平时生意就不错，加上朝廷隔三岔五免租，简直幸福得不得了。"

"朝廷经常免租吗？"

"当然。有些运气好的，一整年都不用交一个铜板的房租呢。"

"这么夸张？"赵四娘子惊呆了，她问刘郎君，"除了节假日，是不是还有其他情况能免租啊？不然怎么可能有人一整年不用交房租？"

"那是少数情况啦。不过你说得对，除了节日，确实还有其他日子会减免房租。比如遇到自然灾害和恶劣天气。"

据《宋史》记载，英宗考虑到百姓生活不易，颁布诏令，凡遇雨雪天减免房租三天，"又诏州县长吏，遇大雨雪，蠲僦舍钱三日，岁毋过九日，著为令"；《续资治通鉴长编》记载，因遇大雨雪，仁宗下诏，令各州县长官无论公私房一律免除三天房租，"二月乙未朔，诏天下州县自今遇大雨雪，委长吏详酌放官私房钱三日，岁毋得过三次"；大中祥符五年发生雪灾，真宗下令，住公租房的百姓可以减免房租三天，"己卯，令僦官舍民无出钱三日，以雪寒也"；《续资治通鉴·宋纪》记载，绍兴九年连连下雨，高宗下诏免房租三天，"己亥，以久雨，放临安府内外公私僦舍钱三日"。

从北宋到南宋，类似这样因天气灾害而减免房租的例子多得数不胜数，几乎每个皇帝在位期间都有发生。

"若是遇到朝中大事,比如新皇登基、太庙祭祀等,为了庆贺,朝廷也会随机免除房租。"

赵四娘子点了点头:"这一点我爸也说过,朝廷如有大型庆祝活动,是会给百姓免租的。"

"是啊。针对这种情况,朝廷把租金类型分为大、中、小三等,大者免除三到五天房租,中者免除五到十天房租,小者免除七天到半个月房租。"

张三来给大家上菜,正好听见刘郎君在讲免租知识,忍不住听了一耳朵。他提醒说:"有几样是热菜,大家趁热吃哈。"

他这么一说,赵三郎才反应过来,此行目的是为了吃喝,怎么能光聊天不动筷子呢!

"来,边吃边聊。老刘,喝酒。"

刘郎君和赵三郎碰了下杯,吃了几口菜,他继续对赵四娘子说:"还有一种比较特殊的情况,朝廷也会免租。南渡以前,天下不太平,为了稳定民心……大家懂得。"

张三抢答:"懂!不太平的年间,百姓收入不稳定,生活也不稳定,还天天忧国忧民,唉!免租是一项安定民心的好政策呢。"

"是的,有道理。"

"我还知道几种情况,"赵三郎说,"比如天子生日、太上皇生日、太后生日、皇后生日、皇子降生……诸如此类,只要天子高兴了,随时都有可能免租。"

除了以上大家所说,宋朝还有一项关于租房的硬性规定,即新租的房子,从起租日往后第六天开始收房租,前五天免租。这项政策主要是为了给租客留出富余的时间去处理搬家前的大小事宜,可以说相当人性化了。

张三跟着感叹："难怪都说我们临安百姓是骄民呢,朝廷政策好,福利待遇高,百姓生活无忧,自然'骄'啊!"

众人赞同。

"各位郎君娘子,菜上齐了,大家吃好喝好哈。我先忙去了,有事叫我。"

张三走后,赵三郎又换了个话题,跟大家聊起了夜市美食。

"我跟你们说啊,这临安的夜市跟以前的汴京相比,是有过之而无不及啊,你看这大冷天的,出来觅食的人还是这么多呢……"

注:关于北宋汴京城内的房租情况,详见系列作品《挑战古人100天2:大宋小民生活日志》中的《房屋租买》篇。

📖 小知识

1. 《梦粱录》记载:"遇朝省祈晴请雨,祷雪求瑞,或降生及圣节、日食、淫雨、雪寒,居民不易,或遇庆典大礼明堂,皆颁降黄榜,给赐军民各关会二十万贯文。"大致意思是,遇到朝廷祈福请雨、皇子降生、天气阴雨不断、下雪天寒、庆典大礼、明堂祭祀、颁布黄榜等情况,朝廷都会抚恤军民。

2. 上文提到的朝廷根据房租地钱分大中小三等免租的条例,见《梦粱录》:"但屋地钱俱分大、中、小三等钱,如遇前件祈祷恩典,官司出榜除放房地钱,大者三日至七日,中者五日至十日,小者七日至半月,如房舍未经减者,遇大礼明堂赦文条划,谓一贯为减除三百,止令公私收七百。"

3. 《宋会要》记载:"每人户赁屋,免五日,为修移之限,以第六日起掠。"大致意思是,百姓租住房子,从第六天开始算房租。

赏

雪

如果没有雪，临安人的冬天是不完整的

自冬至日开始，临安断断续续下了几次雪，但每次都如碎屑般，星星点点地飘着，一直没积起来。这对于酷爱雪景的赵二郎来说，未免有些扫兴。直到入了腊月，大雪突然降临，临安城一夜白了头。

赵二郎心情喜悦，赶紧去叫弟弟妹妹们起床。这么美的日子，不去西湖边赏雪简直太对不起这个冬天了！

赵四娘子在睡梦中听到有人敲门，她迷迷糊糊地睁眼，婢女告诉她，外面下雪了，赵二郎喊她去西湖赏雪。

"什么？下雪了？"赵四娘子瞬间不困了，换上衣服匆匆出门。

她一推开门，院子里银装素裹，洁白无瑕。哥哥赵二郎站在廊下，笑着对她说："终于不赖床啦。我就知道你喜欢下雪，快准备一下，我们去西湖吧。"

"好嘞！我三哥呢？"

"他去找刘郎君了。欣赏雪景，怎么能少了好朋友！"

"我们直接去西湖边？"

"去高家酒肆吧。先填饱肚子,然后带上表妹和表妹夫,再拿些吃食点心,我们租一艘画舫,可以慢悠悠地游湖、赏景。"

赵四娘子一听,脑子里马上有画面了。她想了想,诚心建议:"哥,带上你的画具吧。雪景这么美,你不作画岂不可惜?回头我坐在窗边,以远山和雪为背景,你帮我画一幅《佳人赏雪图》呗。"

"呃……倒也不是不可以。"

赵二郎话音刚落,赵四娘子马上冲回房间,让婢女帮她化妆。既然要入画,肯定要打扮得美美哒!

大家在高家酒肆吃完早饭,然后一同去了西湖。

在湖边,他们远远看见有人骑着马,优哉游哉、美滋滋地欣赏着湖山雪景。都说临安的文人最喜欢雪天出行,还真是如此。

赵四娘子抬头远眺,见天边山峦起伏,全都被白雪覆盖着,仿佛瑶池仙境。她本想夸赞一番眼前的美景,可她能想到的所有美好的话语一到嘴边,她又觉得不够贴切,不足以形容出此情此景的十分之一。她只好吟了一句唐朝诗人岑参的诗:"忽如一夜春风来,千树万树梨花开。"接着说,"这西湖的雪景,真是用话语都形容不出来的美。"

赵三郎不甘示弱,跟着念诗:"今我来思,雨雪霏霏。虽然雪已经停了,但这一眼望不到边的洁白,看着都觉得美好。"

刘郎君也跟着吟诗:"风起。雪飞炎海变清凉……"

"好了好了,你们别再炫耀才华了,我们赶紧上船吧!"赵二郎催促,"别耽误时间,到了画舫上我还想找个好看的角度,专心作画呢。"

宋娘子也说:"是啊,先去船上吧。我们可以一边煎雪煮茶,一边吃点心,一边赏雪景。"

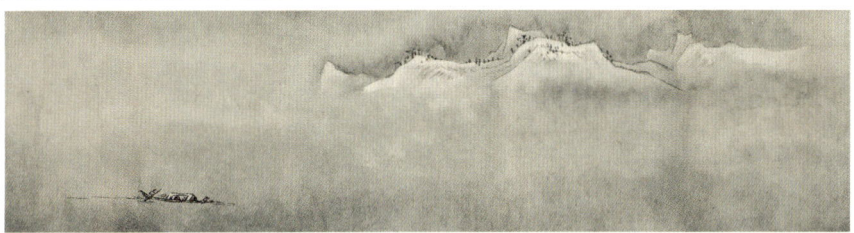

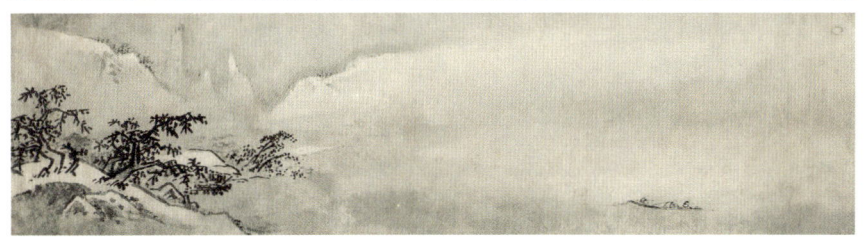

〔南宋〕佚名《雪景四段卷》

"行,那我们走吧。"

雪地路滑,一行人小心翼翼地踏上画舫,开始了今天的西湖赏雪之旅。

画舫内,赵二郎认真地画画,刘郎君认真地写诗。宋娘子和高二郎拿出食盒,把从酒肆带来的点心一一摆放在桌上。高二郎又拿了一袋茶叶出来:"这是之前朋友送的茶,说是用雪水煮泡口感最佳。我来为大家煮茶吧。"

"那就辛苦姐夫啦。"赵四娘子拉着宋娘子的手,去甲板上看雪。

赵三郎也跟了出来,他指着远处,对两位妹妹说:"看到那儿没,皇宫。"

"这么远,哪里看得清楚啊!"

"今天的雪景这么美,天子应该也在赏雪呢。老爸之前跟我说,宫中的最佳赏雪处叫明远楼,天子会在那儿品茗、赏雪。"

"天子真会享受。"

"我们也不赖啊。行舟西湖上,看远山苍茫。风景优美,意境绝佳。"

"也对,置身雪景之中,体验感才是最好的。"赵四娘子说,"以我对二哥的了解,一会儿他准能画出一幅佳作。"

宋娘子说:"希望二表哥灵感如泉涌,多出作品,回头送我一幅挂在酒肆,还能招揽客人呢。"

"这事简单,你快去跟他预定,他现在画的这一幅就是你的了。"

"好主意,我一会儿就去说。"

三人聊得很开心,这时候高二郎在房间内唤他们:"茶煮好了,大家可以来喝茶了。"

"来啦!"

画舫缓缓前行，远处依稀可见西湖十景之一的断桥残雪。在临安，没有雪的冬天是不完整的。

📖 小知识

1. 宋人风雅，下雪天喜欢去西湖边欣赏雪景，以腊雪煮茶，吟诗咏曲。《梦粱录》记载："……或乘骑出湖边，看湖山雪景，瑶林琼树，翠峰似玉，画亦不如。诗人才子，遇此景则以腊雪煎茶，吟诗咏曲，更唱迭和。"

2. 南宋皇宫中的最佳赏雪处是明远楼，又叫楠木楼。见《武林旧事》："禁中赏雪，多御明远楼（禁中称楠木楼）。"

3. 雪景是不少诗人创作的灵感来源，南宋著名女词人朱淑真就写过一首名为《赏雪》的诗："朱帘暮卷绮筵开，风雪纷纷入酒杯。对景恨无飞絮句，从今羞见谢娘才。"

4. 两宋关于雪景的绘画作品也有不少，如马远的《雪景图》、范宽的《雪景寒林图》、夏圭的《雪堂客话图》等。

5. 几百年来，西湖赏雪一直是文人墨客热衷的雅事，明朝文学家张岱的散文《湖心亭看雪》，记录的就是他在西湖上赏雪的二三事。

雪夜,来一场欢乐的宋式聚会吧

赵家兄妹白天去西湖赏雪景,晚上也没闲着。为了不愧对这浪漫的一天,赵大人准备搞一个雪夜聚会,他吩咐婢女和仆从,天黑之前要在院子里堆几只雪狮子,再装上雪灯。而后他又让儿子女儿们去邀请自己的好朋友,一起度过这个愉快的夜晚。

赵四娘子当然开心,年轻女孩子爱玩乐,对这样的聚会来者不拒。她让仆从替她捎信给表哥表姐,等忙完店里的活儿,务必来家里参加聚会。赵二郎和赵三郎也都给自己的好友发了请柬。临近年关了,趁着美好的雪夜,大家一起热闹热闹。

赵大人看着大家忙碌地布置现场的样子,心情很舒畅。他对赵四娘子说:"今天圣上也很开心,午后在明远楼赏雪,喝了羊羔酒,还让御厨房准备了各类点心,分送给了百官。"

"果然,被三哥猜对了。今天我们在西湖看雪,三哥就指着远处告诉我,那儿是明远楼,天子可能正在赏雪。"

赵夫人问女儿:"你们今天玩得怎么样?"

"很开心呀。二哥还画了两幅画,把其中一幅送给了表姐。刘郎君也诗兴大发,连作三首《咏雪》呢。"

"年轻真好。趁着年轻,你们应该多去看看外面的世界。咱们这临安城虽然不缺雪,但像今天这么美的雪景,我已经好久没见过了。"

"老妈,下次我们出去玩,你跟我们一起去吧。"

"我跟你们年轻人没有共同话题,就不跟着凑热闹了。"

"好吧,那你可以多约你的朋友出去玩呀。不管年纪多大,都有权利及时行乐,这样才不辜负人生。"

"好,听你的。"

赵四娘子又问赵大人:"老爸,天子在宫中是怎么赏雪的?一定很热闹吧。"

"是啊,宫中的娱乐节目肯定要比民间丰富。那儿有大大小小、形状各异的雪狮子,上面用彩铃做装饰,园子里还有雪山、雪灯,布置得特别好看。宫里的人还会用酥油滴成花果图案,放在金盆里进奉,供天子和皇后、妃子们赏玩。"

"想想都觉得画面很美,宫中就是不一样啊!"

"一年难得下几次雪,我朝人民风雅,对下雪这等雅事,自然要优雅地对待。"

赵三郎听到了爸妈和妹妹的对话,也加入话题:"要说风雅,我还是很佩服那些魏晋名士。比如雪夜访戴的王子猷,乘兴而来,兴尽而归,真名士啊!"

王子猷是魏晋大书法家王羲之的儿子,也是当时的名士。某个下雪的夜晚,王子猷一觉醒来,打开窗户,被眼前的雪景勾起了兴致。他忽然想起好友戴逵,想去探望他。戴逵住在曹娥江上游的剡溪边,王子猷便连夜乘船前去拜访他。一夜之后,船终于到了戴逵家门口,王子猷却掉头回家了。旁人不解,问王子猷原因,王子猷说:"我本来就是乘着兴致前往,兴致尽了,自然就回来了,为什么一定要见到戴逵呢?"

后人觉得王子猷"乘兴而来,兴尽而归"的举动非常洒脱,乃魏晋风流。很多文人都很羡慕他这种潇洒豁达的性格,包括赵三郎。

赵四娘子说:"你虽然不能效仿王子猷雪夜访戴,却能享受雪夜party啊。说不定一千年后,人们也在羡慕你呢。"

"有道理,我朝人民这么会享受生活,后人肯定羡慕。我听奶奶说,南渡以前他们也是这样享受雪夜的。富裕人家会在下雪的时候举行宴会,还会把钱财米粮分发给穷人。"

"你倒是提醒我了。"赵大人说,"下雪天风景虽美,但天冷了贫民过冬难啊。每年下雪的时候,朝廷都会犒赏诸军,要不我们也准备一些钱财米粮,让仆从拿去分给穷人吧。"

赵夫人十分赞同,赶紧去督办此事。

入夜后,收到邀请的亲友们都来了,赵家准备了丰盛的晚宴款待大家。院子里亮着雪灯,浪漫又美好,大家坐在廊下喝羊羔酒,闲话家常。

赵二郎说:"真希望每年都有这么美的雪景,我好从中汲取灵感,多画几幅画。"

赵三郎说:"可惜大哥在太学苦读,没机会参加我们的聚会。心疼他。"

"明年科举他应该有机会上岸的,放心。"

"我决定以后每个月的初一和十五都去上香,祈求菩萨保佑大哥考上科举,成功上岸。这样一来,我们一家人就能一起泛舟赏雪,月下聚会。想想都觉得幸福!"

"大哥是学霸,他肯定可以的!"

大家聊了没多久,天上又飘起了雪花。赵夫人过来喊他们进屋,说一会儿雪就下大了,着凉了可不好。

"走吧,我们进去聊。这羊羔酒真好喝,我要再来一杯。"

"走,喝酒去。"

雪渐渐下大了,纷纷扬扬。这个冬夜,祥和、安宁、美好。

📖 小知识

1. 《东京梦华录》记载:"此月虽无节序,而豪贵之家,遇雪即开筵,塑雪狮,装雪灯,以会亲旧。"大致意思是,十二月下雪天,富贵人家会摆家宴,在院子里堆雪狮子,装雪灯,邀请亲友们来相聚。
2. 南宋宫中赏雪活动,见《武林旧事》:"后苑进大小雪狮儿,并以金铃彩缕为饰,且作雪花、雪灯、雪山之类,及滴酥为花及诸事件,并以金盆盛进,以供赏玩。"
3. 《雪夜访戴》的故事出自南朝文学家刘义庆所著的《世说新语》。
4. 关于下雪天朝廷犒赏诸军,富人分发钱财米粮给穷人的记载,见《武林旧事》:"并于内藏库支拨官券数百万,以犒诸军,及令临安府分给贫民,或皇后殿别自支犒,而贵家富室,亦各以钱米犒闾里之贫者。"